Melitta Walter

Jungen sind anders,
Mädchen auch

Melitta Walter

Jungen sind anders, Mädchen auch

Den Blick schärfen für eine geschlechtergerechte Erziehung

Kösel

Mix
Produktgruppe aus vorbildlich bewirtschafteten
Wäldern und anderen kontrollierten Herkünften
www.fsc.org Zert.-Nr. GFA-COC-1298
© 1996 Forest Stewardship Council

Verlagsgruppe Random House FSC-DEU-0100
Das für dieses Buch verwendete FSC-zertifizierte Papier
Munken White liefert Arctic Paper Munkedals AB, Schweden.

2. Auflage 2008
Copyright © 2005 Kösel-Verlag, München,
in der Verlagsgruppe Random House GmbH
Umschlag: Elisabeth Petersen, München
Umschlagmotiv: Fotosearch/Artville
Druck und Bindung: Kösel, Krugzell
Printed in Germany
ISBN 978-3-466-30689-3

www.koesel.de

Für
Jannis,
Nessim
und
Sarah

Inhalt

11 VORWORT

**Den Blick schärfen:
Sensibel werden für die spannende Welt
der Geschlechterrollen**

Das Vorwort gibt erste Antworten auf die Fragen: Was bedeutet überhaupt »geschlechtergerecht«? Weshalb ist es interessant und entlastend, wenn wir uns dem Verhältnis der Geschlechter von verschiedenen Seiten nähern? Was haben wir uns unter dem europaweiten Gesetzesauftrag »Gender Mainstreaming« vorzustellen und welche Bedeutung hat er für unseren ganz normalen Alltag?

17 KAPITEL 1

**Was wäre, wenn wir tauschen
würden?**

Wenn wir versuchen, uns in das andere Geschlecht hineinzuversetzen, stellen wir fest, dass wir häufiger als vermutet im Dunkeln tappen. Dieses Kapitel fordert zum Erinnern heraus, zeigt die irritierenden Erwartungen an das Gegengeschlecht auf. Sie werden sehen: Selbst wenn wir uns fern der Verallgemeinerungen und Klischees bewegen, bleiben viele Unterschiedlichkeiten.

57 **KAPITEL 2**

Vorbilder als Wegbegleitung

Erinnern Sie sich noch an Vorbilder Ihrer Kindheit? Haben Sie eine Vorstellung davon, welche Vorbilder den Mädchen und Jungen heute nachahmenswert erscheinen? Sie werden nach dem Lesen dieses Kapitels Lexika und Geschichtswerke vielleicht kritischer sehen und sich fragen: Welche Art von Vorbildern dient Kindern heute bei ihrer Entwicklung hin zu Mann- und Frausein wirklich? Und vielleicht werden Sie auch Ihr eigenes Verhalten im Alltag neu beurteilen.

87 **KAPITEL 3**

Getrennte Räume – auch bei Spiel und Spaß

Haben Sie sich schon einmal gefragt, wie »Frauen-« oder »Männerorte« zustande kommen? Kennen Sie die ungeschriebenen Gesetze von Innen- und Außenraumnutzung? Können Sie die Lebens- und Spielwelten von Mädchen und Jungen nachvollziehen? Dieses Kapitel nimmt Sie mit auf eine Raum- und Materialrecherche. Ganz sicher wird Ihr Blick geschärft für die Möglichkeiten gemeinsamer Erlebnis- und Aktionsräume.

109 **KAPITEL 4**

Hat der Ball ein Geschlecht? Sportliche Inszenierung

Was den Geschlechtern an Verhaltens- und Ausdrucksmöglichkeiten zugestanden wird, ist, historisch gesehen, überaus wandelbar. Nehmen wir das internationale Beispiel des Fußballsportes und seine ganz erstaunlichen Veränderungen über die Jahrhunderte hinweg. Sie erfahren in diesem Kapitel, wie einschneidend gesellschaftliche Rollenerwartungen für Frauen und Männer selbst den Sport bestimmen.

129 KAPITEL 5

Leben und arbeiten – ein Überlebensspagat

»Die Männer gehen arbeiten, die Frauen spielen mit uns Kindern«, erzählen Kinder im 21. Jahrhundert. Müde Mütter, ferne Väter – wie beeinflusst diese Realität die Berufsvisionen der kommenden Generation? Weshalb entscheiden sich so viele junge Erwachsene für ein Leben ohne Kinder? Ein Kapitel voller Einblicke und Aussichten. Dazu einfach umzusetzende und spannende Aktionen und Projekte, um Kinder für Geschlechtsrollenklischees im Umfeld von Berufstätigkeit zu sensibilisieren.

169 KAPITEL 6

Vom Umgang mit Geld – »Mann« hat es

Geld – kein Thema für Kinder? Von wegen! Ein höchst aufschlussreiches – besonders auch, wenn wir auf die Verteilung materieller Möglichkeiten zwischen Männern und Frauen schauen. Von fifty-fifty kann noch lange nicht die Rede sein. Sie werden staunen, wie auch in diesem Bereich von Geburt an die Weichen gestellt werden. Geld hat zwar nichts mit dem biologischen Geschlecht, aber sehr viel mit sozialen und kulturellen Rollenvorstellungen zu tun.

183 **KAPITEL 7**

Wie wir wurden, was wir sind

In diesem Kapitel gehen wir ganz an den Anfang des Lebens zurück. Wie wurden wir zum ICH, wie gelingt die Verständigung mit dem DU? Sie werden staunen, wie früh die Bezugspersonen kindliches Verhalten schon danach bewerten, ob ein Mädchen oder ein Junge ihnen gegenübersteht. Von den abwechslungsreichen Möglichkeiten, sich selbst und anderen auf den Zahn zu fühlen, wird hier berichtet. Damit werden auch Sie zukünftig genauer beobachten, verstehen und sich beteiligen können – hin zu positiven Veränderungen für uns alle, egal ob wir Frauen oder Männer geworden sind.

223 **Nachwort**

Zumindest kurz wird hier auf Fragestellungen eingegangen, die Sie vielleicht in diesem Buch vermisst haben.

225 **Anhang**

Listet Quellennachweise, Medientipps im Bereich geschlechtersensible Erziehung und Internetangebote auf. Hier finden Sie auch Informationen über die Autorin dieses Buches.

VORWORT

Den Blick schärfen: Sensibel werden für die spannende Welt der Geschlechterrollen

Wer immer dieses Buch aufschlägt, ist eine Frau oder ein Mann. Sonnenklar.
Weit weniger klar ist uns oft, wie sehr diese Tatsache uns dabei beeinflusst, wie wir dieses Buch lesen, was wir darin interessant finden, was uns ärgert, was uns amüsiert, welche Bücher wir überhaupt in die Hand nehmen. Wie wir die Welt wahrnehmen, wie wir uns in ihr bewegen, hängt (neben anderen wichtigen Faktoren) ganz unmittelbar mit unserer eigenen Lebensgeschichte als Frau oder als Mann zusammen.

Das Verhältnis der Geschlechter hat sich im Laufe der letzten Jahrhunderte ständig gewandelt. Konfliktstoff gibt es genügend, seit Jahrzehnten wird darüber berichtet. Es gibt radikale und eher traditionsbewusste Ansichten darüber, was sich verändern sollte oder auch nicht, Diskussionen über den Einfluss von Genen und Erziehung, Meinungsverschiedenheiten darüber, welche Rolle Elternhaus, Kindergarten, Schule und Politik spielen sollten. Vernachlässigt wird in diesen Auseinandersetzungen, dass die Veränderung traditioneller Geschlechterrollen ein biographischer Entwicklungsprozess ist, der sich durch unser ganzes Leben zieht.

In der Politik ist die Rede von »Gender Mainstreaming«, in der Erziehung von »geschlechtergerechter Pädagogik« – Begriffe, die sehr abstrakt sind. Letztlich verweisen sie auf die praktische Umsetzung des simplen Grundgesetzauftrages: *Unabhängig von ihrem Geschlecht sollen Menschen gleiche Entfaltungschancen bekommen.* Ein Grund dafür, dass trotz vielfältiger Anstrengungen sich in den meisten Lebensbereichen die Chancengleichheit relativ wenig entwickelt hat, dass eher ein großer blinder Fleck blieb, lag sicher auch an mangelndem gesellschaftlichen Interesse. Erst langsam wächst das Verständnis: Es gibt keine geschlechtsneutrale Wirklichkeit. Frauen und Männer, Mädchen und Jungen befinden sich in unterschiedlichen Lebenslagen, und nur wer für diese einen geschärften Blick entwickelt, wird vermeiden, dass scheinbar neutrale Maßnahmen faktisch zu Benachteiligungen führen. (Einen knappen Überblick zum Thema Gender Mainstreaming – woher kommt der Begriff, was ist seine Geschichte? – finden Sie übrigens ab Seite 40.)

In den Jahrzehnten, die ich als Referentin, Autorin und Beraterin diesem Auftrag der Chancengleichheit verpflichtet bin, habe ich gelernt: Nur wenn wir verstehen, dass wir für uns als einzelne Frau, als einzelner Mann einen Vorteil aus Veränderungen ziehen, werden wir auch aktiv. Dieses Buch will verdeutlichen, dass die weitere Annäherung der Geschlechter bei jeder Frau und jedem Mann selbst beginnt, dass die Generationen der heutigen Großeltern, Eltern, Erziehenden und momentanen jungen Erwachsenen immer und überall entscheidende Vorbildfunktion für die derzeit nachwachsende Generation hat. Egal, ob mit oder ohne eigene Kinder, jede und jeder von uns kann mitwirken beim Prozess der Annäherung der Geschlechter.

Das eigene Erleben als Mann, als Frau ist der beste Ausgangspunkt, um den Blick für Geschlechterrealitäten zu schärfen. Denn nicht der theoretische Anspruch, sondern die vielen kleinen individuellen Geschichten aus dem wirklichen Leben öffnen uns die Augen für das, was unser Aufwachsen als Frau und Mann prägt. Sie werden beim Lesen die Erfahrung machen, dass eigene Kindheitserlebnisse wieder aufsteigen, und feststellen, dass bestimmte Erfahrungen nur von Ihrem eigenen Geschlecht geteilt werden. Die Lebenswelten von Mädchen und Jungen unterscheiden sich – früher wie heute – ebenso wie die von Männern und Frauen. Es gibt sozusagen geschlechts»typische« Gesetzmäßigkeiten. Wenn wir uns einzelne Aspekte des Alltags herausgreifen, wird es interessant und überschaubar. Wie weit gelingt es, uns in die Lebenswelten des anderen, aber auch des eigenen Geschlechtes hineinzufühlen? Können wir mit unseren vielfältigen Voreingenommenheiten dem anderen Geschlecht gegenüber einen Weg finden, der eine gemeinsame Weiterentwicklung ermöglicht? Sie können Ihrer Fantasie freien Lauf lassen, finden Anregungen, werden hören, was andere Frauen und Männer erinnern.

Kinder sind ein hervorragendes gesellschaftliches Stimmungsbarometer. Zu allen Lebensbereichen haben auch sie eine eigene Meinung, die widerspiegelt, wie sie uns erwachsene Frauen und Männer erleben. Deshalb enthält dieses Buch so viele Beispiele aus meinen Gesprächen mit Kindern und viele Anregungen, mit ihnen in ein Gespräch zu kommen. Da wir alle immer auch Vorbilder für die nachwachsende Generation sind, lasse ich Sie teilnehmen an den überraschenden Einsichten der derzeitigen Kindergeneration zur Geschlechterfrage. Und Sie werden viele Ideen finden für Alltagsprojekte, die für Geschlechtergerechtigkeit sensibilisieren. Dabei heißt geschlechtergerecht übrigens nicht geschlechtsneutral. Geschlechtergerechtigkeit bedeutet, die Bedürfnisse, die Vorteile und die Benachteiligungen von Jungen wie von Mädchen, von Männern wie von Frauen in vollem Bewusstsein der geschlechtlichen Identität zu berücksichtigen.

Erinnern Sie sich und Sie werden Ihre heutige Umwelt und die Frauen- und Männergestalten, in deren Umgebung Sie aufgewachsen sind, mit geschärftem Blick sehen können. Vielleicht bekommen Sie Lust, sich mit anderen Frauen oder Männern, mit anderen Frauen *und* Männern, mit Mädchen und Jungen auszutauschen. Wenn Sie der Inhalt dieses Buches überzeugt, werden Sie sich die Frage stellen: Was bin ich selbst bereit dazu beizutragen, dass sich beide Geschlechter – egal wie jung oder alt sie derzeit sind – gleich frei entfalten können? Und wie trägt mein alltägliches Verhalten in seiner Vorbildfunktion dazu bei?

Viele Menschen waren bereit, sich auf Diskussionen mit mir einzulassen. Ich danke allen, die mich in den letzten dreißig Jahren an ihren Lebenserfahrungen als Frau oder Mann haben teilnehmen lassen. Besonderer Dank gilt den Erzieherinnen und Erziehern, den Müttern und Vätern der städtischen Kindertageseinrichtungen Münchens. Hier wurden in den letzten sechs Jahren vielfältigste kreative Geschlechterprojekte ausprobiert und weiterentwickelt. Profitiert haben davon nicht nur die Kinder, sondern auch wir Erwachsenen.

Meiner Lektorin, Heike Mayer, danke ich für ihr beharrliches kluges Nachfragen und ihre herzliche Anteilnahme am Gedeihen dieses Buches.

Alle Kinder, die mir Rede und Antwort standen, grüße ich. Vielleicht erinnern sie sich irgendwann als Frauen und Männer an die Wettspiele, die wir durchführten, an die Fragen, die sie stellten, selbst beantworteten, und an das Lachen, das uns manchmal völlig aus dem Konzept brachte.

Was wäre, wenn wir tauschen würden?

Immer interessant, mal vergnüglich, mal bedrückend ist es, Frauen und Männern zuzuhören, wenn sie erzählen, wie sie aufgewachsen sind, erzogen wurden. Das Alter der Erzählenden, mal sind sie jung, mal alt, spielt dabei zwar eine Rolle, doch entscheidender ist, welche persönlichen Vorstellungen die Eltern ihren »Zöglingen« als gültige Normen vermittelten.

Wir alle bleiben immer die Kinder unserer Eltern, selbst wenn wir mittlerweile die Lebensmitte überschritten, selbst als Mutter, Vater, Tante, Onkel, Großeltern, Medienmenschen oder Gesetzesvertretende Zuständigkeiten für die nachfolgende Generation übernommen haben.

Erst im Laufe unseres Lebens erkennen wir, dass wir oftmals Prinzipien der eigenen Eltern weitergeben oder uns bemühen, »alles ganz anders zu machen ...«.

Erziehungshintergründe – Erziehungstraditionen

Wuchsen unsere Eltern auf dem Lande, in einer Klein- oder Großstadt auf? Konnten sie eine weiterführende Schule besuchen? Gehörten Mutter und Vater zur Kriegs- oder Nachkriegsgeneration? Der kulturelle Hintergrund, Geld, Zeit, Unabhängigkeit oder Abhängigkeit sind richtungsweisend, wenn Botschaften an Töchter und Söhne weitergegeben werden. Auch wenn wir als erwachsene Frauen und Männer für unser Handeln selbst verantwortlich sind, bleiben individuell erlebte Ungerechtigkeiten und Ungleichheiten im emotionalen Gedächtnis gespeichert.

Keinem Kind bleibt es erspart: Von Geburt an wird das »reibungslose« Zusammenleben zwischen den Geschlechtern durch gesellschaftliche Vorgaben gesteuert. Viele fragwürdige »So war das schon immer ...«-Sätze sollen das Überleben in den sozialen Rollen als Tochter/Sohn, später als Frau/Mann, Mutter/Vater sichern.

Trotz aller Unterschiedlichkeiten, die Kindheitserinnerungen uns aufzeigen, in den Lebensbiographien sehen wir immer den rosa oder himmelblauen Faden, der sich durch die Erzählungen zieht. Dieser Faden heißt »Als ich ein kleiner Junge war ...« oder eben »Als ich ein kleines Mädchen war ...«.

In diesen Momenten steigen geschlechtskollektive Erfahrungen auf. Frauen nicken sich verständnisvoll zu, Männer klopfen sich gerührt gegenseitig auf die Schulter. Frauen erinnern sich vielleicht an die erste Puppe, Männer an erstes technisches Spielzeug. Frauen erinnern sich aber auch an all die Einschränkungen, die ihnen mit dem Satz »Das tut ein Mädchen nicht« abverlangt wurden. Männer können sich an ihre Beschämung erinnern, wenn sie ausgelacht wurden, weil sie sich »wie ein Mädchen« verhielten.

Unsere Eltern stellten sich die Frage: Über welche Fähigkeiten muss meine Tochter, mein Sohn verfügen, um im erwachsenen Leben nicht anzuecken, um erfolgreich zu sein? Und sie entschieden vor dem Hintergrund ihrer eigenen Erfahrungen: Dies ist für eine Frau von Vorteil, dies für einen Mann.

Am Lebensanfang steckt in Kindern das Potential beider Geschlechter, sie entwickeln sich hin zu einer eigenen Persönlichkeit. Solange sie klein sind, lassen Erwachsene sie gewähren, halten aber mit ihren Kommentaren nicht hinter dem Berg. Und dann, manchmal von einem Moment auf den anderen, greifen sie ein. Sie beschneiden die Kreativität des Kindes, sie beginnen sich Sorgen zu machen und definieren Grenzen, die das Kind nicht verstehen kann. War es gestern noch ein Vergnügen, dem Jungen dabei zuzusehen, wie er sich schminken und als »Mädchen verkleiden« lässt, war es gestern noch erstaunlich, wie schnell das Mädchen auf Bäume hinaufklettern kann, plötzlich ist Schluss mit dem Spaß.

Es ist, als würden die Erwachsenen zum Kind sagen: »Jetzt entscheide ich für dich und sage dir: Ab sofort verhältst du dich, wie dein biologisches Geschlecht es dir vorgibt!«

Die Erziehung der Geschlechter folgt einem uralten Drehbuch: In der Weltliteratur häufiger als Drama mit Todesfolge denn als Komödie mit Zukunftsaussichten inszeniert. Frauen und Männer, die sich dem Standard entzogen, wurden entweder Helden und Heldinnen oder landeten auf dem Scheiterhaufen.

Logisch, dass die Erziehung der Geschlechter immer voller Emotionen diskutiert und durchgeführt wurde.

Der Diskussionsbedarf ging in den letzten hundert Jahren meist vom weiblichen Geschlecht aus, denn im Vergleich mit ihren Brüdern kamen Mädchen schlechter weg: Jungen wurden ermutigt, die Spielräume des Lebens auszukosten, Mädchen wurden dazu angehalten, ihre eigenen Bedürfnisse hintanzustellen.

Glauben Sie, dass sich an dieser Rollenzuschreibung Wesentliches geändert hat?

Erst zwanzig Jahre ist es her, dass die Soziologin Carol Hagemann-White in ihrem Buch *Sozialisation: Weiblich – männlich* feststellte, dass von einer gesellschaftlich akzeptierten Aufhebung der Gegensätze in den gesellschaftlichen Chancen der Geschlechter nicht gesprochen werden kann.[1] Jetzt sind wir wieder eine Generation weiter, ständig kommen neue Bücher zur Geschlechterdebatte heraus, werden die Missverständnisse, die Unvereinbarkeiten geradezu genüsslich vor uns ausgebreitet. Viele sehen sich bestätigt: Sag ich's doch! Männer und Frauen sind eben von Grund auf verschieden!

Ist es im 21. Jahrhundert überhaupt noch notwendig, sich mit Anregungen zu Wort zu melden? Und – weshalb macht es Sinn, dass sich neben all denen, die mit Kindern leben und arbeiten, auch Kinderlose mit den derzeitigen Erziehungsbildern für Mädchen und Jungen beschäftigen?

Schlicht und ergreifend deshalb, weil *wir alle* durch Geschlechterklischees daran gehindert werden, wir selbst zu sein.

Wenn Sie nun denken, jüngere Eltern hätten die traditionellen Rollenzuschreibungen über Bord geworfen, dann trifft dies nur teilweise zu.

Im Rahmen einer 1997 erstellten Diplomarbeit wurden die »Einstellungen und das Verhalten von Eltern 6-jähriger Kinder« untersucht. Mit Hilfe eines standardisierten Fragebogens wurden 95 Eltern unter anderem zu ihren Vorstellungen der geschlechtsspezifischen Entwicklung befragt. Dabei stellte sich heraus, dass »nur eine kleine Minderheit der Eltern angibt, ihre Kinder geschlechtsflexibel zu erziehen. Die meisten streben das gar nicht an. Sie glauben nämlich nicht, dass es sich im späteren Leben als hilfreich

erweist, wenn zum Beispiel Jungen zu mehr Gefühlsbezogenheit und Mädchen zu mehr Durchsetzungsfähigkeit erzogen werden.«[2]
Diese Eltern gingen demnach davon aus, dass Gefühle den Frauen, Durchsetzungsfähigkeit den Männern zuzuordnen sind. Und ihre Sorge ist vielleicht, dass ein gefühlvoller Sohn später als »Weichei«, eine durchsetzungsstarke Tochter als »Mannweib« mit Schwierigkeiten im Alltag zu rechnen hat.
Diese Sorge ist nicht unbegründet, denn Schwierigkeiten gibt es für alle Frauen und Männer, die nicht mehr willens sind, klassischen Rollenvorgaben zu entsprechen.

Im Privatleben leiden beide Geschlechter unter der Unvereinbarkeit von individuellen Sehnsüchten und kollektiven Erwartungen. Junge Männer sollen zwar zärtliche, liebevolle Partner sein, aber bitte mit Karriereaussichten. Junge Frauen sollen ihr eigenes Geld verdienen, aber bitte den Freund anhimmeln. Gleichgeschlechtliche Partnerschaften werden immer noch juristisch benachteiligt. Ältere Frauen sollen sich bescheiden und unauffällig im Hintergrund halten und selbst Männer im besten Mannesalter werden aus dem Erwerbsleben herausgedrängt. Arbeitgeber wollen Mitarbeiter, die rund um die Uhr verfügbar sind, Frauen sollen zwar Kinder bekommen, aber keine Forderungen an arbeitsplatznahe Kinderbetreuungsplätze stellen. Wir Erwachsenen haben zur Genüge erlernt, wie eine Frau und/oder ein Mann zu sein hat.
Dies ist Grund genug, der im Vorwort schon angesprochenen Frage nachzugehen: Was bin ich selbst bereit dazu beizutragen, dass sich beide Geschlechter – egal wie jung oder alt sie derzeit sind – gleich frei entfalten können?

Wenn ich könnte, wie ich wollte – Rollenwechselspiele

Wie häufig gestatten Sie sich, Ihr derzeitiges Rollenverhalten infrage zu stellen? Gibt es Situationen, in denen Sie gern einmal eine andere, ein anderer wären? Finden Sie, dass das andere Geschlecht mehr Vorteile im Leben hat als Ihr eigenes?

»Wenn ich könnte, würde ich tauschen ...«, fantasieren Frauen und Männer in Gesprächen mit mir. Einmal all das tun und lassen können, was dem anderen Geschlecht sonst vorbehalten bleibt. Wenigstens in der Fantasie ist dies ja auch möglich.

Stellen Sie sich vor, dass Sie sich – wenn morgen früh der Wecker klingelt – für die kommenden sieben Tage in das biologisch andere Geschlecht gleichen Alters verwandeln werden: Mit dem Aufschlagen der Augen wird aus Ihnen als Frau ein Mann, aus Ihnen als Mann wird eine Frau. Dieser Zustand wird für die Dauer einer Woche anhalten.

Beginnen wir mit dem Weckerklingeln: Würde sich Ihre Aufstehzeit verändern? Wie viel Zeit würden Sie im Bad verbringen? Was wären Ihre morgendlichen Rituale? Wie würden Sie sich kleiden? Gäbe es Veränderungen in den Aufgaben des Tages?

Wenn Sie berufstätig sind: Wie begegnen Ihnen Ihre Vorgesetzten, Ihre Kollegen und Kolleginnen? Bekommen Sie monatlich für die gleichen Aufgaben mehr oder weniger Gehalt als das andere Geschlecht? Hätten Sie Zeit für eine Mittagspause oder müssten Sie schnell noch Besorgungen machen? Was wäre Ihr Ziel nach Dienstschluss?

Wie würden Sie Ihre Abende verbringen? Welchen Vergnügungen würden Sie sich widmen? Was nähmen Sie sich für das kommende Wochenende vor? Welche beruflichen und privaten Ziele im Leben würden Sie anstreben?

Wenn Sie als Frau oder als Mann allein leben, dann sehen Sie vielleicht auf den ersten Blick nicht sehr viele Unterschiede.

Doch schon ganz banale Dinge wie die Nutzung von öffentlichen Toiletten oder ein Haarschnitt würden Ihren Geldbeutel unterschiedlich belasten.

Ich gebe Ihnen ein Beispiel, das Frauenleben vereinfacht: In Österreich haben mehrere Städte einen »Toilettenstadtplan für Blasenschwache« herausgegeben.[3] Viele Frauen kennen dieses Problem: Männer verschwinden hinter Bäumen, Frauen geraten in Panik, weil weit und breit keine Toilette zu finden ist.

Für welches Geschlecht ist es vorteilhafter, die Rolle zu wechseln? Wie sähen Ihrer Meinung nach die Vor- oder Nachteile des Wechsels aus?

Gehen wir noch einen Schritt weiter: Jetzt geht es nicht mehr nur um Sie als Person. Stellen Sie sich vor, dass Sie für die nächsten sieben Tage für Kinder zuständig sind.

Für welche Bereiche der Kindererziehung und Betreuung wären Sie im anderen Geschlecht zuständig? Was wären morgendliche Notwendigkeiten? Worauf müssten Sie achten? Wären Sie für den Lebensmitteleinkauf, die Zubereitung von Speisen zuständig? Wie viel Zeit verbrächten Sie mit diesem Kind oder gar mehreren Kindern und was würden Sie in dieser Zeit tun? Wären Sie zuständig für Kinderkrankheiten, Elternabendbesuche in Kindergarten oder Schule? Welchen gesellschaftlichen Erwartungen würden

Sie entsprechen sollen – als Mutter, als Vater? Und wie viel Zeit hätten Sie für sich ganz allein – als Mensch? Wie sähen Ihrer Meinung nach die Vor- oder Nachteile des Elternrollenwechsels aus?

Wenn Sie kinderlos leben, dann können Sie sich die Rollenverteilung Ihrer eigenen Eltern früher vorstellen: War die Mutter in Ihrer Kindheit berufstätig, haben Sie gegengeschlechtliche Geschwister? Wie haben Ihre Eltern sich die anfallenden Arbeiten aufgeteilt? Mal so, mal so – oder nach immer gleichen Spielregeln? Bei welchen Aufgaben mussten Sie als Mädchen oder Junge helfen? Haben Sie sich als Kind manchmal gewünscht, dem anderen Geschlecht anzugehören?

Fällt es Ihnen leicht oder schwer, konkretere Vorstellungen darüber zu entwickeln, was das andere Geschlecht den ganzen Tag über tut? Vielleicht stellen Sie fest, dass Sie erstaunlich wenig darüber wissen. Damit stünden Sie nicht allein da.

Mit Fantasie ausgedachter Geschlechtertausch

Eine humorvolle Version des Geschlechtertausches erfand die skandinavische Autorin Gerd Brantenberg in ihrem Roman *Die Töchter Egalias*. In dieser Geschichte sind die Frauen berufstätig, die Männer bleiben zu Hause und ziehen die Kinder auf. Gleich zu Beginn werden Klarheiten geschaffen:

Geschildert wird eine Familiensituation, die so generationsunabhängig ist, dass sie irgendwann früher, heute oder zukünftig stattfinden kann. Ein Kind äußert Berufswünsche und das Oberhaupt der Familie erwidert: »Das war schon immer so, das kann ein Mädchen, ein Junge nicht ...!« (Damit Ihnen das Lesen dieses Textes leichter fällt, hier die beiden wichtigen Übersetzungen: *Menschen / **man.)

»Schließlich sind es noch immer die Männer, die die Kinder bekommen«, sagte Direktorin Bram und blickte über den Rand der Egalsunder Zeitung zurechtweisend auf ihren Sohn. Es war ihr anzusehen, dass sie gleich die Befrauschung verlor. »Außerdem lese ich Zeitung.« Verärgert setzte sie ihre Lektüre fort, bei der sie unterbrochen worden war.

»Aber ich will Seefrau werden! Ich nehme die Kinder einfach mit«, sagte Pretonius erfinderisch.

»Und was, glaubst du wohl, wird die Mutter des Kindes dazu sagen? Nein, mein Lieber. Es gibt gewisse Dinge im Leben, mit denen du dich abfinden musst. Du wirst allmählich lernen, auch das zu mögen, womit du dich abfinden musst. Selbst in einer egalitären Gesellschaft wie der unseren können es nicht alle Wibschen* gleichhaben. Es wäre zudem tödlich langweilig. Grau und trist.«

»Es ist viel grauer und trister, nicht werden zu dürfen, was dam** will.«

»Wer sagt denn, dass du nicht werden darfst, was du willst. Ich sage nur, du sollst realistischer sein. Keine kann das Ei essen und zugleich das Küken haben wollen. Bekommst du Kinder, so bekommst du Kinder. Hör mal zu, Petronius. In meiner Jungmädchenzeit hatte ich auch eine Menge hochfliegender Träume von dem, was ich werden wollte. Seefrauenromantik. Daran leidest du. Du solltest aufhören, all die abenteuerlichen Erzählungen über die Taten von Frauen zu lesen, und dich lieber in Jünglingsromane vertiefen. Dabei bekommst du viel realistischere Vorstellungen. Außerdem ist das kein richtiger Mann, der zur See fahren will.«[4]

Haben Sie als Mädchen, als Junge ähnliche Botschaften gehört? Es muss ja nicht so deutlich gesagt worden sein wie in dieser Geschichte. Die Aussage »Es gibt gewisse Dinge im Leben, mit denen du dich abfinden musst ...« kann sehr unterschwellig, allein durch Mimik und Gestik vermittelt werden.

Womit sich Mädchen oder Jungen abfinden sollen, zu welchen Lernfeldern sie einen Zugang bekommen, in welchen Tätigkeiten und Fähigkeiten sie unterstützt werden, das alles wirkt sich langfristig auf das gesamtgesellschaftliche Gefüge aus. Da sich die Alltagsrealitäten beider Geschlechter immens voneinander unterscheiden, bekommen Frauen und Männer auch sehr wenig voneinander mit – oder nur ein sehr einseitiges, klischeehaftes Bild.

Auf den ersten Blick genießen Männer die Vorteile des Lebens, haben sie die Freiheiten der Entfaltung mit in die Wiege gelegt bekommen. Doch nur so lange, wie sie sich an den Standard halten. Beschließen Männer aber, ihr Leben untypisch gestalten zu wollen, stoßen auch sie permanent an Grenzen. Ihr Verhalten wird dann als »abweichend« und damit bedrohlich von den Geschlechtsgenossen wahrgenommen.

Nutzen Sie einmal das Zusammensein mit Freunden und Freundinnen, spielen Sie gemeinsam durch, was Sie anders machen würden, wenn Sie Ihr biologisches Geschlecht wechseln könnten. Oder fragen Sie Ihren Partner, Ihre Partnerin.

Besonders Frauen, die in Partnerschaften mit Männern leben, also im privaten Alltag männliche Selbstverständlichkeiten wahrnehmen, genießen die Vorstellung, einen Tag lang als Mann durch das Leben zu gehen. Folgende Aussagen hörte ich häufig von Frauen:

Ich würde nach Einbruch der Dunkelheit joggen gehen – Ich würde Motorrad fahren – Ich würde mich einmal total daneben benehmen – Ich würde eine Gehaltserhöhung fordern – Ich würde eine Woche lang in der gleichen Jeans herumlaufen ...

Und weshalb tun Sie es nicht?

Männer dagegen stellen häufig fest, dass sie vieles nicht einfach tun (oder lassen) könnten, was für sie als Mann selbstverständlich ist. Einige fantasieren, wie herrlich es sein muss, den ganzen Tag über »nichts« zu tun. Ihre Vorstellung vom Leben als Hausfrau und Mutter ist begrenzt.

Männer sehen selten, dass sie im öffentlichen Raum mehr Freiheiten genießen als Frauen. Nehmen wir z.B. das Reisen. Als Mann können Sie in alle Länder der Welt fahren, Sie können sich ohne nachzudenken an den Kneipentresen niederlassen, denn an den meisten Orten der Welt ist dies ein Aufenthaltsort und Infopool für Männer. Sie können durch Straßen gehen, ohne belästigt zu werden. Sie können ein Zimmer anmieten, ohne dass Sie gefragt werden: »Sie reisen ohne Begleitung?!« Fast an allen Plätzen der Welt werden Männer, allein aufgrund ihres biologischen Geschlechtes, unkomplizierter vorankommen als Frauen. Allein reisende Frauen schilderten oft genug die Mühsal der

Missverständnisse, der Ausgrenzung, der Übergriffigkeiten durch Männer.

Wenn Sie sich als Mann für einen anderen Job bewerben, wird Sie niemand fragen, ob Sie in absehbarer Zeit vorhaben, ein Kind zu zeugen. Frauen hingegen werden gefragt, ob sie vorhaben, schwanger zu werden.

Wenn Frauen in männlicher Umgebung auf der Hut sein müssen, wie steht es dann umgekehrt? Beide Geschlechter verfügen über selbstverständliche Rituale, Codeworte, Handbewegungen, Mimik, die verstanden werden müssen, um dazuzugehören. Ist es überhaupt möglich, diese über Generationen innerhalb jedes Geschlechtes ritualisierten Lebenswelten so weit zu verstehen, dass wir uns unbemerkt als das andere Geschlecht ausgeben können?

Genderswitching

Bei Recherchen im Internet stieß ich auf zwei Seiten, in denen der Geschlechtertausch aufschlussreich thematisiert wird.

Ich landete auf einer Plattform, auf der Personen die Frage beantworteten, ob sie gern einmal das andere Geschlecht sein wollen. Was mich bei den Antworten erstaunte, war zweierlei: 1. antworteten mehr Männer als Frauen und 2. verweilten die Tauschfantasien auf der Ebene Hygiene und Sexualität. Frauen ließen durchblicken, dass Männer unsauber herumlaufen, ihren Müll überall liegen lassen, und Männer beschrieben die stundenlange Ankleide- und Schminkprozedur von Frauen. Frauen stellten sich vor, wie es wäre, »im Stehen zu pinkeln«, und Männern grauste es vor der Menstruation. Ansonsten fantasierten beide Geschlechter, wie wohl der Sexualakt sich im Körper des anderen Geschlechts anfühlt. Dies, so glaube ich, wüssten wir alle gern. Auf real unterschiedliche Lebensbedingungen ging keine Person ein.

Der andere Hinweis, den ich fand, ermöglicht den anonymen Geschlechterwechsel auf der virtuellen Ebene. Das Institut für Kommunikationswissenschaften der Uni Münster hat erforscht, dass eine der häufigsten Arten, in der Onlinewelt mit der Identität zu experimentieren, der Geschlechtertausch sei, im Fachjargon »genderswitching« genannt.[5] Schon wenn sich Nutzer oder Nutzerinnen zum Einstieg in eine Kommunikationsplattform (Chat, MOO, MUD) hineinbegeben wollen, müssen sie sich vorstellen, sich einen »Namen« geben, mit dem sie dann bei jeder Kontaktaufnahme identifiziert werden können.

Da dieser Vorgang unerkannt vor sich geht, gilt nur die Schriftsprache. Es kann also erfunden, ausgeschmückt und gelogen werden, dass sich die Balken biegen. Jede neu in einer Kommunikationsplattform sich anmeldende Person entscheidet, ob sie sich als männlich oder weiblich, als neutral oder sogar als Gruppe zu erkennen geben will. Die WissenschaftlerInnen deuten dies so: »Da Menschen im Netz wie im ›wahren Leben‹ je nach Geschlecht des Interaktionspartners unterschiedliche Verhaltensmuster erwarten und anwenden, reizt es viele, einmal als Angehörige/r des anderen Geschlechts behandelt zu werden« – und andere entsprechend zu behandeln, möchte ich ergänzen. Das forschende Team zieht aus dieser Analyse den Schluss, dass Männer häufiger in die Frauenrolle wechseln (»switchen«) als Frauen in Männerrollen, denn Analysen haben ergeben, dass in diesen MUDs und Chatrooms weibliche und männliche Charaktere etwa gleich häufig vertreten sind, obwohl bekannt ist, dass die Mehrheit der Nutzer Männer sind.

Der Begriff »genderswitching« klingt für mich sehr melodisch, leicht; so als wäre es ganz einfach, einen Schalter im Bewusstsein umzustellen und in die vielfältigen Verhaltens- und Empfindensebenen des anderen Geschlechtes zu wechseln. Mir persönlich ist dies zu kompliziert. Ich müsste mir den Männertyp vorstellen, den ich am liebsten selbst treffen würde, um diese Rolle zu kreieren. Vielleicht, oder wahrscheinlich, orientieren sich Männer auch an einem Lieblingsbild des anderen Geschlechtes und werden versuchen, sich genauso selbst zu inszenieren.

Der Mann als »frauenfreundliche Züchtung«

Männer, die sich in den letzten 30 Jahren den Wünschen ihrer Partnerinnen angepasst haben, ihre »weiblichen Anteile« suchen und sich bemühen, es den Frauen recht zu machen, haben auch nicht das große Los gezogen.

Junge Männer berichten mir, dass sie nun gar nicht mehr wissen, was Frauen wollen: »Einerseits soll ich sanft und nachgiebig sein, andererseits aber wissen, wo's lang geht. Habe ich eine eigene Meinung, bin ich ein Chauvi, überlasse ich die Entscheidung der Frau, ein Schlappschwanz.«

Was ist nun richtig, was falsch? Wer sagt jungen Männern, wie sie aus diesem Dilemma herauskommen? Da bemüht sich ein Teil des männlichen Geschlechtes um Wohlverhalten und eckt bei Frauen an. Das Ergebnis der Anpassungsleistung scheint den Auserwählten nicht zu gefallen. Sie fordern schon wieder Änderungen:

»Der Schaden ist enorm. Gute alte männliche Attribute sind weitgehend vom Parkett verbannt. Sie werden als roh, schlicht oder ursprünglich abgetan.« Für Wälis Kiani ist diese Annäherung an weibliche Verhaltensweisen »eine Katastrophe«. 20 Regeln für »richtige« Männer wurden erstellt, »damit 2004 alles wieder an seinen Platz kommt.«[6]

Hier einige der Forderungen:

»Er hinterlässt nach dem Duschen unbedingt eine Katastrophe im Bad / Er muss größere Füße haben als sie, mehr wiegen als sie und an Armen wie Beinen behaarter sein als sie. Alles andere ist erniedrigend. Für beide / Er darf eine Glatze haben, aber niemals eine Frisur / Er muss kein Handwerker sein, aber Werkzeug besitzen und Licht wie auch DVD-Player anschließen können ...«

In diesem Artikel werden »gute alte männliche Attribute« gefordert. Wenn sich Männer diesen doch sehr vordergründigen, wenn nicht gar sexistischen Verhaltensaufforderungen – die nicht witzig gemeint sind – anpassen würden, ginge die ganze Geschlechterdiskussion wieder von vorne los.

Und umgekehrt machen Frauen, die auf Gleichwertigkeit setzten, häufig die Erfahrung, dass ihr Partner sie mit »Weibchen« betrügt, um sein männliches Ego aufzupäppeln.

Der momentane Ist-Zustand zwischen den Geschlechtern ist alles andere als beruhigend.

Namensgebung – die erste Geschlechtszuordnung

Der Vorname der soeben zitierten Person lautet Wälis. Ein im deutschen Kulturbereich ungewöhnlicher Name, das Geschlecht ist für uns nicht automatisch zu erkennen. Rechnet hier ein Mann mit seinesgleichen ab oder eine Frau mit Männern?

Wenn Sie ein neues Buch in die Hand nehmen, spielt es für Sie eine Rolle, ob der Inhalt von einer Frau oder einem Mann geschrieben wurde? Erwarten Sie unterschiedliche intellektuelle oder emotionale Herangehensweisen beider Geschlechter?

Der Vorname ist die erste geschlechtsspezifische Zuordnung nach der Geburt, lange bevor das Kind selbst sich einem Geschlecht zuordnet; ein persönliches Erkennungsmerkmal, das wir unser Leben lang mit uns herumtragen.

Erst im Verlauf des 12. und 13. Jahrhunderts bildeten sich Familiennamen heraus, die dann vom Vater auf den Sohn vererbt und damit erhalten wurden. Grundbesitz, Vermögen, Titel wurden so an den Sohn weitergereicht. Die Töchter gingen leer aus. Ein Mädchen nahm automatisch bei einer Verheiratung den Namen des Mannes an, und hatte eine Familie ausschließlich Töchter, ging deren Familienname verloren.

Das männliche Geschlecht gab bei der Namensgebung den Ton an und mit jeder persönlichen Unterschrift des Familienoberhauptes wurde und wird dies für die »Erbfolge« dokumentiert. Aus Erbfolgeansprüchen entstanden Erbfolgekriege, ein Kampf um den Erhalt und die Weitergabe aller irdischen Güter und gesellschaftlicher Vorteile an Nachfahren der eigenen Sippe. Ein Geschäft unter Männern.

Verheiratete Frauen wurden jahrhundertelang mit dem Namen ihres Mannes angesprochen, seinem gesellschaftlichen Stand entsprechend voller Hochachtung, Neutralität oder aber Abwertung. Sehr treffend wird dies in einem Ausspruch des norwegischen Dichters und Politikers Björnstjerne Björnson (1823-1910) dargestellt: »Es fällt den meisten unter uns noch recht schwer, das Edle und Gute, was eine Frau tut, zu schätzen. Die Mehrzahl der Weiber hat nur Ansehen durch den Namen oder Ruf eines Vaters oder Gatten.«[7]

Lange Zeit wurden Mädchen »gut« verheiratet, wenn sie einem Mann versprochen wurden, dessen Name gesellschaftliche Vorteile brachte.

Am 14. März 1992 erklärte das Bundesverfassungsgericht in Karlsruhe, dass die alte Regelung, nach der die Frau den Nachnamen des Ehemannes annehmen muss, nicht mit dem im Grundgesetz verankerten Gleichstellungsprinzip vereinbar ist. Nun konnten die Kinder entweder den Nachnamen der Mutter oder den des Vaters tragen. 1994 wurde dann vom Gesetzgeber das neutrale Namensrecht eingeführt.

Im Gegensatz zu früher gilt nun auch für Frauen: Der eigene Nachname ist von Bedeutung, mit diesem verbindet auch eine Frau ihre Vergangenheit, und es kann gut sein, dass sie sich mit ihrem so genannten Mädchennamen einen Namen »gemacht« hat. Wenn sie jetzt heiratet und diesen Namen streicht, fängt sie wieder von vorne an. Ihre eigene Namensidentität ist aufgegeben. Das denkt der Mann auch. Und damit nicht gleich Machtkämpfe nötig werden, greifen Paare nach einem Kompromiss: Doppel-Nachnamen, die teilweise dann kaum aussprechbar sind.

Noch ein Hinweis für werdende Eltern: Wenn ein Kind geboren wird, müssen sich Mütter und Väter spätestens einen Monat nach der Geburt ihres Kindes auf den Familiennamen für das Kind geeinigt haben. Sollte dies nicht gelingen, dann wird laut § 1617, Abs. 2 BGB, vom Familiengericht entschieden.

»So heiße ich auch ...« – Identifikationsangebote

Jedes Jahr wird von der Gesellschaft für deutsche Sprache die Hitliste der beliebtesten Mädchen- und Jungennamen veröffentlicht. Unterliegen diese Namen in unseren Breiten heute mehr der Mode als der Tradition? Ist das biologische Geschlecht eindeutig erkennbar?

Für das Jahr 2003 wurde folgende Hitliste aufgestellt:

1. Maximilian	6. Felix	1. Marie	6. Laura
2. Alexander	7. Luca	2. Sophie	7. Lena
3. Leon	8. David	3. Maria	8. Leonie
4. Paul	9. Tim	4. Anna, Anne	9. Julia
5. Lukas/Lucas	10. Jonas	5. Lea(h)	10. Sara(h)

Bei den Jungennamen steht »Luca« auf der Liste. Diesen Namen tragen auch Mädchen. Mich wundert, dass in diesen Jahren immer noch so viele Mädchen Maria oder Marie genannt werden. Mir sind mehr als 1500 bedeutende Frauen der Vergangenheit mit Namen Maria oder Marie bekannt. Und auch die Namen Anna oder Anne haben eine lange Tradition, ich kenne mehr als 700 Frauen dieses Vornamens, die der Nachwelt aufgrund ihrer Taten erhalten blieben. Für

Mädchen mit diesen Namen gibt es also viele, viele weibliche Vorbilder der Vergangenheit.

Und auch für Jungen finden sich Namensgleiche, die mit bedeutenden Ereignissen in Verbindung gebracht werden können.

Immer wieder habe ich bei Mädchen und Jungen ein Personenlexikon als Mittel der Kommunikation eingesetzt. Welche wunderbare Wirkung dieses Namensbuch haben kann, zeigt folgende Geschichte:

ANDREA, sechs Jahre alt, ist ein stilles, unsicheres Mädchen. Bei allem, was sie tut, guckt sie erst einmal zur anwesenden erwachsenen Person. Sie braucht Zustimmung und fordert diese ständig ein. Es wäre übertrieben zu sagen, dass Andrea beliebt bei Gleichaltrigen oder Erwachsenen ist. Eigentlich geht sie allen auf die Nerven. Mehrere ähnlich ablaufende Situationen habe ich miterlebt und finde, dass es an der Zeit ist, das Mädchen aus dieser so isolierten, einsamen Rolle herauszulocken. Mir ist aufgefallen, dass sie gerne Bilder ansieht. Sie sucht mit den Augen nach einem Anknüpfungspunkt. Und dann kommt mir eine Idee:

Zur nächsten Begegnung nehme ich ein Personenlexikon mit Abbildungen mit. Ich setze mich in eine Zimmerecke und beginne in dem Buch zu blättern. Andrea kommt auf mich zugeschlendert, bleibt wie zufällig vor mir stehen: »Was guckst du denn da?«

»Ich gucke mir Bilder von Menschen an, die früher mal gelebt haben. Ich suche mir in dem Buch einen Namen und lese, was dort über die Frau oder den Mann geschrieben steht.«

»Was steht denn da so drin?«

»Da wurde aufgeschrieben, was einzelne Menschen in ihrem Leben so alles getan haben. Sie leben alle nicht mehr.«

»Und was haben die so gemacht, in dem Nochleben?«
»Wenn du willst, suche ich mit dir in diesem Buch nach Frauen von früher, die auch Andrea hießen, und von ihnen erzähle ich dir dann.«
»Glaubst du, wir finden eine?«
Und dann vertiefen wir uns in das Lexikon der Frau. Ich habe mir die zu findenden Einträge vorher markiert und so finden wir ein weites Spektrum an weiblichen Aktivitäten. Andrea bittet nicht mehr um Erlaubnis, sie staunt nur noch. Wir finden unter ihrem Vornamen Frauen, die in verschiedenen Ländern der Welt in verschiedenen Jahrhunderten unterschiedlichen, interessanten Tätigkeiten nachgingen: Sie lebten als Bildhauerin, Schriftstellerin, Regisseurin, Mathematikerin, Filmschauspielerin, Journalistin, Malerin.

Andrea ist beglückt: Ich erzähle und zeige Abbildungen der Kleidung aus der Zeit, in der die jeweilige Frau gelebt hat.

»Die Andreas sind ganz schön gut, finde ich«, stellt das Mädchen fest und nimmt mir das Buch aus der Hand. Sie läuft zum nächsten Tisch und ruft in den Raum hinein: »Guckt mal, wer ich früher alles schon mal war!« Klar kommen Mädchen und Jungen gelaufen, schubsen sich, um in das Buch hineinsehen zu können. Andrea wird energisch: »So könnt ihr doch gar nicht gucken, hört doch mal auf, sonst klappe ich das Buch wieder zu und Schluss ist!«

Spüren Sie, was in diesem Mädchen gerade vorgeht? Sie steht plötzlich nicht mehr allein in der Welt, sie spürt eine jahrhundertealte Identität. »Wer ich früher schon alles mal war ...«, so beschreibt sie ihr Erstaunen und ihre Freude.

Haben Sie schon einmal in einem Lexikon nachgesehen, welche historisch bedeutsamen Personen den Ihnen gegebenen Vornamen tragen? Welche dieser Frauen oder

Männer der Vergangenheit imponieren Ihnen? Vielleicht entdecken Sie ein historisches Vorbild und erfahren, wie diese Person »früher« als Mann oder Frau gelebt hat.

Lebensrealitäten im Hier und Jetzt

Zurück in die Gegenwart: Sehen wir uns noch einmal die Lebensrealitäten von Frauen und Männern heute an. Was immer wir in der Fantasie entwickeln, welche Begabungen ein Mensch auch immer als persönliches Merkmal hat, die Gestaltungsmöglichkeiten von Frauen und Männern sind weltweit extrem ungleich, sie gehen zu Lasten des weiblichen Geschlechts.

Global betrachtet sehen wir, dass Frauen weltweit 65 Prozent der geleisteten Arbeit verrichten, ihr Anteil am Einkommen allerdings nur 10 Prozent ausmacht, ihr Anteil an Eigentum sogar nur 1 Prozent.[8] Geld und Eigentum verschaffen Unabhängigkeit. Von Gleichheit der Geschlechter kann faktisch nicht die Rede sein.

Nach Schätzungen der UNO lebten 2003 fast 50 Millionen mehr Männer als Frauen auf der Erde. Diese Entwicklung nimmt seit 1965 stetig zu. Das ist verwunderlich, weil Männer häufiger im Säuglingsalter sterben, weil sie häufiger durch Unfälle ums Leben kommen, weil sie häufiger Opfer von Gewalttaten werden als Frauen. Dafür werden aber etwa 3 bis 7 Prozent mehr Jungen als Mädchen geboren.

In der *Neuen Zürcher Zeitung* vom Oktober 2003 liest sich das folgendermaßen: »Mehr männliche Kinder bei der Geburt, aber mehr Frauen im höheren Alter – schon aus diesen beiden Tatsachen wird klar, dass die Altersstruktur einer

Bevölkerung für das Verhältnis der Geschlechter sehr entscheidend sein kann: Je älter eine Bevölkerung, desto deutlicher macht sich der weibliche Überhang bemerkbar. Doch dies ist kein Vorteil für ältere Frauen, ihr Machtfaktor ist bisher sehr gering.«

Dieses Machtpotential zu erkennen und sich für die eigenen Interessen nachhaltig einzusetzen haben ältere Frauen nicht gelernt. Eine 82-jährige Freundin erklärte mir dies so: »Wir Mädchen haben gelernt, erst dem Vater, dann dem Mann zu folgen. Gehorsamkeit war uns als weibliche Tugend anerzogen worden. Ich tue mich heute noch schwer damit, eine eigene Meinung laut zu äußern.«

Macht hat mit Geld zu tun. Wer Macht hat, verteilt: Das durchschnittliche Einkommen von Männern in Deutschland bei Vollzeitbeschäftigung war 1997 knapp 25 Prozent höher als das der Frauen. In Ostdeutschland sieht es für Frauen besser aus, dort erreichen sie 94 Prozent des Gehaltes der Männer. Auch 2004 hat sich daran nichts geändert. Das traditionelle Geschlechterdrehbuch definiert den Mann als Person automatisch als »Ernährer der Familie« und leitet daraus den Anspruch auf ein höheres Gehalt ab. So bekommt auch der Single-Mann mehr Geld und die alleinerziehende Mutter weniger.

Wissen Sie von der ungleichen Lebensrealität von Frauen und Männern, wenn sie Eltern geworden sind? Müttern und Vätern selbst ist diese nicht automatisch bewusst: Bei der direkten Kinderbetreuung dominiert noch die traditionelle Rollenverteilung: Männer widmen sich den Kindern knapp 1 ¼ Stunden, Frauen 2 ¾ Stunden am Tag, so das Ergebnis einer Untersuchung des Bundesministeriums für Familie, Senioren, Frauen und Jugend vom Dezember 2003.[9]

Aber jeder dritte Vater wünscht sich mehr Zeit für sich und seine Familie und würde gern weniger Zeit im Beruf verbringen. Männer haben im Schnitt eine halbe Stunde täglich länger freie Zeit als Frauen. Im Vergleich zu 1990/1991 zeigt sich 2003, dass Männer ihren Zeitaufwand für Haushalt und Familie nicht erhöht haben. Frauen leisten im Haushalt für mindestens 820 Milliarden Euro im Jahr unbezahlte Hausarbeit.

Welcher Mann will unter diesen ungleichen Bedingungen noch sein Geschlecht tauschen?

Auch die Betreuung kranker und alter Familienangehöriger wird überwiegend vom weiblichen Geschlecht übernommen. Mit dem Argument »Das können Frauen eben besser ...« werden diese traditionellen Rollenzuschreibungen von Männern gerechtfertigt oder eben als selbstverständlich in ihre Lebensplanung integriert.

Doch wie selbstverständlich kann Mann für die Zukunft davon ausgehen, dass Frauen bereit sind, diese Aufgaben zu übernehmen? »Beruhte bislang die traditionelle Ordnung auf der Zuständigkeit der Frauen für das Gelingen der Prozesse des Aufwachsens der Kinder und Jugendlichen und auf ihrer Bereitschaft, diese Aufgabe unter Verzicht oder Beschränkung ihrer eigenen Berufs- und Lebenschancen zu übernehmen, so kann bei der zukünftigen Gestaltung des gesellschaftlichen Verhältnisses der Generationen auf eine solche Konstellation der Geschlechter nicht länger gesetzt werden«, wird in den Leipziger Thesen des Bundesjugendkuratoriums 2002 dargelegt.[10]

Was also ist zu tun, damit die Mädchen und Jungen von heute in zeitgemäße gesellschaftliche Realitäten hineinwachsen können? Da niemand, der bisher Vorteile im Leben hatte, freiwillig auf diese verzichten will, müssen politische Rahmenbedingungen vorgegeben werden.

Der lange Weg vom Grundgesetzrecht zur Umsetzung ins wirkliche Leben

Wahrscheinlich haben Sie schon einmal das Schlagwort »Gender Mainstreaming« gehört und können sich herzlich wenig unter diesem Begriff vorstellen – er ist ja auch nicht gerade selbst erklärend. Das englische Wort »Gender« meint die sozialen und kulturellen Rollenzuschreibungen der Geschlechter im Gegensatz zum biologischen Geschlecht (engl. »Sex«). Diese Rollenvorgaben sind nicht statisch, sondern verändern sich im Laufe der Zeit immer wieder, sie sind auch von Kulturkreis zu Kulturkreis unterschiedlich.

Das Wort »Mainstreaming« will nicht andeuten, wie fälschlicherweise manchmal angenommen, dass die Geschlechter nun vereinheitlicht werden sollen, hier geht es nicht etwa um Gleichmacherei. Das englische Wort für »Hauptstrom« bedeutet, dass eine bestimmte inhaltliche Vorgabe, die bisher nicht das Handeln bestimmt hat, nun zum zentralen Bestandteil bei allen Entscheidungen und Prozessen gemacht wird. Alle Beteiligten an politischen Entscheidungsprozessen lassen sich auf geschlechterbezogene Sichtweisen und Realitäten ein.

Für die Umsetzung dieses Auftrages müssen in jedem Verantwortungsbereich Personen in den obersten hierarchischen Ebenen benannt werden. Es soll nicht mehr einzelnen Funktionsträgern überlassen bleiben, ob sie persönlich der Meinung sind, dass Frauen und Männer in allen Lebenslagen gleiche Chancen und Rechte erhalten sollen. Denn gesetzlich verankert ist dieser Grundsatz ja schon über ein halbes Jahrhundert, doch das hat nicht unbedingt zur Umsetzung im täglichen Leben geführt:

Am 23. Mai 1949 trat ein Gesetz in Kraft, das Frauen in Deutschland die juristische Gleichberechtigung zusicherte. Elisabeth Selbert, Friederike Nadig, Helene Wessel und Helene Weber, die »Mütter« des Grundgesetzes, hatten sich vehement für die Aufnahme des Absatzes 2 im Artikel 3 des Grundgesetzes engagiert. Dort heißt es:
1. Alle Menschen sind vor dem Gesetz gleich.
2. Männer und Frauen sind gleichberechtigt.
3. Niemand darf wegen seines Geschlechts, seiner Abstammung, seiner Rasse, seiner Sprache, seiner Heimat und Herkunft, seines Glaubens, seiner religiösen oder politischen Anschauung benachteiligt oder bevorzugt werden.

So wurden automatisch alle Frauen und Männer, die heute Mitte 50 sind, in dieses Privileg der grundgesetzlich verankerten Gleichstellung von Frau und Mann hineingeboren.

Doch im wirklichen Leben der Bürgerinnen und Bürger dieses Landes blieben die alten Traditionen erhalten: Männer blieben das tonangebende Geschlecht, lange Zeit noch entschieden sie z.B. darüber, ob ihre Ehefrauen berufstätig sein durften.

Die feministische Sozialforschung (Frauenforschung) bezog in den 70er-Jahren eindeutig Stellung: Von Gleichberechtigung kann in Deutschland nicht die Rede sein! Frauen analysierten die gesamtgesellschaftlichen Einschränkungen für das weibliche Geschlecht, äußerten sich parteilich und fordernd. Unter Stichworten wie Geschlechtergerechtigkeit oder Geschlechtersensibilität wurden Angebote für Mädchen und Frauen entwickelt, die geschlechterspezifisch und damit geschlechtergetrennt die speziellen Bedürfnisse von Mädchen und weiblichen Jugendlichen im Auge hatten. In Schulen entstanden spezielle Unterrichtseinheiten, die Mädchen den Zugang zu Mathematik und technischen Informationen erleichterten. In Jugendfreizeiteinrichtungen wurden spezielle Mädchengruppen installiert. Gesundheits-, Rechts-, Finanz- und Karriereberatungsstellen für Frauen wurden eröffnet, denn der Informationsbedarf für das weibliche Geschlecht war und ist groß. In den 80er-Jahren entstanden die Frauen-Gleichstellungsstellen in Städten und Gemeinden.

Im Laufe der Jahre konnten auch diejenigen Gruppierungen, die Frauenforschung und Frauenförderung abwertend mit der Farbe Lila in Verbindung brachten, die den Begriff »Feministin« als Schimpfwort nutzten, an den Ergebnissen der Geschlechterforschung nicht mehr vorbei:

Macht und damit Einfluss wird ausgeübt durch Geld, Arbeitshierarchien, Raumverteilung. Grundsätzlich entscheiden Macht- und Ohnmachtverhältnisse zwischen den Geschlechtern über Sein und Haben. Alle Instrumente zur Durchsetzung von Interessen lagen in Männerhand. Statistiken belegen, dass immer, wenn es um Mädchen- und Traueninteressen ging (und heute geht), kein Geld zur Verfügung stand, Räume fehlten, weibliche Mitsprache in Gremien nicht gleichwertig möglich war.

Egal, um welchen Lebensbereich es sich handelt, ganz gleich, ob es um Kinder, Jugendliche, Berufstätige, Menschen im Rentenalter geht: Frauen bleiben überwiegend in untergeordneten Positionen, das, was sie tun, ist weniger wert, das, was ihnen zusteht für geleistete Haus- und Erziehungstätigkeiten, schlägt sich nicht oder nur minimal in der Rente nieder.

Das politische Bewusstsein darüber, dass es sich in Zukunft keine Gesellschaft mehr leisten kann, Frauen aus politischen Entwicklungs- und Entscheidungsprozessen auszuschließen, nahm konkrete Gestalt an.

»Gender Mainstreaming« wurde geboren. Schade, dass kein Begriff gefunden wurde, der etwas mehr zum freudigen Mitgestalten einlädt. Doch eines sei schon hier klar gesagt: Die Idee des Gender Mainstreaming kommt in der Umsetzung *beiden* Geschlechtern zugute: *Unabhängig von ihrem Geschlecht sollen Menschen gleiche Entfaltungschancen bekommen!*

Erstmals wurde das Prinzip des Gender Mainstreaming 1985 auf der Weltfrauenkonferenz in Nairobi beschlossen und auf der Konferenz in Peking 1995 durch Beschlüsse zur Umsetzung in nationale Strategien bestätigt. Die Europäische Union (EU) hatte bereits 1993 erste formale Voraussetzungen für eine Konzeptionalisierung und schließlich Realisierung des Gender Mainstreaming geschaffen: 1993 wurde zum ersten Mal der EU-Strukturfond unter die Zielvorgabe »Chancengleichheit für Männer und Frauen« gestellt. 1996 wurde Gender Mainstreaming im Amsterdamer Vertrag der EU als eine politische Grundsatzentscheidung, als Leitbild und Selbstverpflichtung festgeschrieben, die an den Organisationsstrukturen und dem Handeln in Organisationen ansetzt. Die Forderung, das Leben beider Geschlechter grundsätzlich zu analysieren, Ungleichheiten zu benennen und in den Prozess der Angleichung einzutreten, wurde für alle Mitgliedsstaaten der EU zur Pflichtaufgabe. Es geht also darum, in jedem europäischen Land eine Ist-Zustands-Analyse, eine Datenerhebung mit dem Augenmerk auf die jeweils aktuelle Situation von Männern und Frauen vorzunehmen, um dann Ungleichbehandlungen auf allen gesellschaftlichen und politischen Ebenen abzuschaffen.

Voraussetzung für das Gelingen ist der so genannte »top down«-Ansatz. Dies bedeutet: Auf allen Entscheidungsebenen muss der klare politische Wille zur Mitgestaltung und Umsetzung des Gender Mainstreaming und das Engagement *auf oberster Ebene* beginnen.

Denn zu wirklicher Chancengleichheit zu gelangen ist ein langwieriger Prozess. Häufig stößt er auf Ignoranz der Funktionsträger. Auch Funktionsträgerinnen, die es als einzelne Frau geschafft haben, in obere Gehaltsklassen aufzusteigen, fehlt oftmals das Bewusstsein für die reale Lebenssituation ihres eigenen Geschlechtes. Die leidvolle Erfahrung, dass Freiwilligkeit nur unzureichend zum breiten Erfolg führt, wird also formale Konsequenzen haben müssen. Frei nach dem alten römischen Spruch »Keine Strafe ohne Gesetz« werden wir also abwarten, welche juristischen Vorgaben im Laufe der Zeit entstehen, um als Frau, als Mann einen kollektiven Rechtsanspruch einklagen zu können.

Der Präsident der Kommission zur Einführung des Gender-Mainstreaming-Prozesses gründete die Kommissargruppe »Chancengleichheit«. Alle Generaldirektoren und -direktorinnen wurden aufgefordert, hochrangige BeamtInnen als Verantwortliche in der jeweiligen Direktion zu benennen. Für alle Männer und Frauen in Führungspositio-

nen (ganz gleich ob als Bankdirektor, Stadtoberhaupt oder Schulleiterin) gilt:
Von oben nach unten ist die Devise. Fortbildungsbedarf besteht also für den Chef/die Chefin, die Abteilungsleitungen, die Personalvertretungen.

Schriftlich formuliert werden muss die konkrete Selbstverpflichtung, dafür die Verantwortung zu übernehmen, dass die Perspektive »Chancengleichheit von Frauen und Männern« mit eindeutig benannten Zeit- und Ablaufplanungen praktisch umgesetzt wird.

Damit dieser Prozess nicht hinausgezögert werden kann oder doch wieder unter den Tisch fällt, müssen die verabredeten Arbeitsaufträge kontrolliert werden, dies heißt dann »Gender Controlling«. Ein Instrument hierfür ist die Evaluation, die Bestandsaufnahme des täglichen Handelns (insbesondere auch auf Verwaltungsebenen).

Einige Beispiele:
- Grundsätzlich wird geprüft, ob die Ressourcen Geldmittel, Raum und Zeit gleichwertig zwischen den Geschlechtern verteilt werden.
- Erhalten Frauen und Männer die gleiche Möglichkeit der Teilnahme an Fortbildungen, an Förderung und wird im Fortbildungsetat auch für jede Person die gleiche Geldmenge veranschlagt? Oder bleiben hochwertige, karrierefördernde Maßnahmen den Männern vorbehalten?
- In welchen Arbeitsabläufen/Situationen sind Frauen oder Männer benachteiligt? Werden beide Geschlechter gleichermaßen an Projekten, Arbeitsgruppen beteiligt? Werden Leitungs- und Stellvertretungspositionen geschlechtergerecht besetzt? Kommen sie gleichermaßen zu Wort?

- Erhalten Männer Unterstützung, wenn sie den ihnen zustehenden Erziehungsurlaub in Anspruch nehmen wollen?
- Zahlen Männer und Frauen die gleichen Versicherungsbeiträge? Haben sie gleiche Konditionen bei einer Bank, wenn sie ein Gewerbe gründen wollen?
- Werden in allen Veröffentlichungen (Rundschreiben, Vertragsvorlagen, Broschüren etc.) beide Geschlechter angesprochen?
- Werden Mädchen und Jungen in Bildungs- und Erziehungseinrichtungen gleichberechtigt gefördert?
- Werden ihnen in Bilder- und Lesebüchern gleichwertig Frauen und Männer in vielfältigen Lebenssituationen präsentiert?
- Werden Mädchen und Jungen in bauliche und gestalterische Planungen eingebunden und kommen sie gleichermaßen zu Wort?

Die Auswertung der bisherigen Erfahrungen auf der Ebene der EU und der Vereinten Nationen zeigt, dass eine effiziente und nachhaltige Umsetzung des Leitbildes nur gelingt, wenn Verantwortliche und Zuständigkeiten klar benannt werden und zwar entsprechend des top-down-Ansatzes von der obersten Hierarchieebene bis hinunter in die kleinste verantwortliche Leitungsposition. Eingerichtet wurden Kooperationsrunden, die regelmäßig tagen, um den Informationsfluss zu sichern und für die inhaltliche Bearbeitung, Planung und Durchführung zu sorgen.

Deshalb wurde 1998 im Amsterdamer Vertrag der EU die Durchsetzung des Auftrages auf nationaler Ebene noch einmal als Ziel benannt.

Diese hier geforderten Prinzipien für die Gestaltung und Umsetzung von Politik wurden in Deutschland erst in der

Folge der Ratifizierung der Veränderungen des Amsterdamer Vertrages (Artikel 2 bzw. 3) diskutiert und in politische und administrative Strategien verwandelt, obwohl seit 1994 eine grundgesetzliche Verpflichtung zur Durchsetzung der Gleichstellung der Geschlechter besteht.

Mit dem Regierungsantritt der Koalition aus SPD und Grünen im Jahr 2000 beschloss endlich auch die Bundesregierung, sich dem Gleichstellungsziel auf sämtlichen Ebenen des Verwaltungshandeln zu verpflichten. Nachzulesen ist dies im § 2 der Gemeinsamen Geschäftsordnung (GGO) der Bundesministerien: Bei allen politischen, normgebenden und verwaltenden Maßnahmen beachtet die Bundesregierung den Gender-Mainstreaming-Ansatz.

Dieser gesamte Maßnahmenkatalog hat allerdings nicht zur Folge, dass spezielle Frauenförderprogramme hinfällig sind. Der Nachholbedarf für das weibliche Geschlecht ist groß. Denn Frauen, die bisher auf traditionelle Bescheidenheit und Unwissenheit hin erzogen worden sind, können nicht von heute auf morgen – ohne Förderung – verantwortliche Mitgestalterinnen sein.

Nun muss also auch in Deutschland ein umfassendes Wissenschafts- und Forschungsprogramm entwickelt werden, das zuerst den Ist-Zustand analysiert und dann im täglichen Handeln Ungleichheiten beseitigt.

Auf praktischer Ebene geht Gender Mainstreaming uns alle an. Jede und jeder, also Frauen und Männer, sind mit dafür verantwortlich, dass die Mädchen und Jungen, die heute in diesem Land aufwachsen, sich auf eine Zukunft in einer wirklichen Gleichbehandlung von Frauen und Männern hinbewegen können.

Am Ende jedes Kapitels finden Sie konkrete Anregungen zur Mitgestaltung dieses Auftrages.

Weitere Anregungen und Ausführungen finden Sie in Hülle und Fülle, wenn Sie »Gender Mainstreaming« als Suchbegriff im Internet eingeben.

Vergessen wir nicht: Die juristische Gleichberechtigung der Geschlechter ist ein mühsam erkämpftes Grundrecht in Deutschland, das Makulatur wird, wenn wir uns nicht im Alltag – insbesondere auch in der Erziehung der nachfolgenden Generationen – für die praktische Umsetzung stark machen.

Jede Veränderung kann nur gelingen, wenn mindestens drei Voraussetzungen erfüllt werden:
- Im beruflichen Tun wird auf allen Verwaltungs- und Gestaltungsebenen auf Geschlechtergerechtigkeit geachtet.
- Strukturen in Organisationen, Vereinen, Verbänden, in Bildungs- und Erziehungseinrichtungen werden auf Gender Mainstreaming hin analysiert.
- Jede und jeder beteiligt sich als Person, als Mensch durch ihr/sein aktives Tun.

Wirklich vorangehen kann es erst, wenn wir alle uns an diesem Annäherungsprozess beteiligen. Papier ist geduldig, im wirklichen Leben entscheidet sich, ob Frauen und Männer gegen- oder miteinander agieren.

Experimente und Irritationen

Nach diesem Ausflug in die Politik zurück zu unseren Alltagserfahrungen. Sie haben sich nun einige Seiten lang hin und her bewegt, vom Mädchen/Frau zum Jungen/Mann und umgekehrt und dabei Ihren Blick auf die Begrenzungen des eigenen und anderen Geschlechtes gerichtet.

Manche Grenzziehungen zwischen »rosa« und »hellblau« sind für junge Frauen und Männer nicht mehr so klar abgesteckt. Die Experimentierfreude, die Möglichkeit, sich neuen Herausforderungen zu stellen, ist in unseren Breiten sichtbar.

Seit vierzig Jahren findet eine rasante Annäherung der Bewegungs- und Handlungsspielräume beider Geschlechter statt. Ursache hierfür ist nicht in erster Linie das positive Bewusstsein der Nachkriegsgeneration. Der Pharmaindustrie verdanken beide Geschlechter die Anti-Baby-Pille. So konnte die klassische Rolle »Frau gleich Mutter« erweitert werden mit der Möglichkeit, Sexualität zu leben, ohne Mutter (oder Vater) werden zu müssen. Die individuelle Gestaltungsfreiheit, insbesondere für das weibliche Geschlecht, hat somit enorm zugenommen. Überall begegne ich jungen Erwachsenen beiderlei Geschlechts, die sich um Gleichwertigkeit bemühen, die respektvoll und direkt miteinander umgehen.

Menschen in der Anonymität der Großstädte experimentieren häufig mit ihrer Geschlechtsidentität. Wir alle sind schon auf Menschen getroffen, die in ihrer Ausstrahlung, ihrer Art und Weise sich zu geben, sich zu kleiden, erstaunlich zweigeschlechtig, androgyn wirken. So, als hätten sie es geschafft, sich die Vorrechte beider Geschlechter einzuverleiben. Diese Menschen üben eine starke Anziehung auf uns Mitmenschen aus: Alles scheint möglich.

Doch Männer in Röcken sehen wir nur auf dem Laufsteg, diese äußere Aufhebung der Kleiderordnung ist noch nicht möglich. Frauen in Hosen, daran hat sich das Auge ge-

wöhnt. Ein Mann im Rock, das funktioniert vielleicht als Inszenierung auf der Bühne. Oder würden Sie, liebe Leserin, mit einem rocktragenden Mann außer Haus gehen?
Wenn Mädchen Hosen tragen, irritiert dies heute niemanden in unserem Kulturkreis mehr. Wenn ihnen allerdings auch noch die Haare sehr kurz geschnitten werden, sind »typische« Geschlechtsmerkmale nicht mehr auszumachen. Folgende Begebenheit berichtete mir die Leiterin eines Hortes:

IN DIE KINDERGRUPPE kommt ein neues Schulkind. Es wird am ersten Tag vom Vater gebracht. Nach einer herzlichen Verabschiedung läuft das Kind in den Garten. Dort spielen Jungen Fußball und es spielt gleich mit. Als die Kinder vor dem Mittagessen in die sanitären Anlagen zum Händewaschen geschickt werden, geht das Kind in die Mädchenräume. Ein Aufschrei der Mädchen, Eingreifen des Personals, »Du musst rüber, die Jungentoiletten sind nebenan«. Das Kind weigert sich. Und plötzlich sehen es alle: Dieses Kind ist ein Mädchen. Ein Mädchen mit kurzem Haarschnitt, in Jeans, Pulli und Turnschuhen. Da es einen türkischen Vornamen hat, ist den deutschen Kindern und Erzieherinnen das Geschlecht nicht sofort ersichtlich. Die fußballspielenden Jungen trauen ihren Augen nicht, denn das nun als Mädchen geortete Kind hatte die Spielregeln gekannt und »wie ein Junge« gespielt. Die entstandene Irritation greifen die Erzieherinnen auf und zum nächsten Sommerfest wird die Begebenheit von den Kindern auf einer Bühne für die Eltern nachgespielt. Ein treffliches Beispiel aus dem wirklichen Leben!

Noch eine Geschichte fällt mir ein, die sichtbar macht, wie sich Kinder heute mit der vorgegebenen Ungleichheit der Geschlechter auseinander setzen:

DIE LEITERIN eines Kindergartens beschließt, den Kindern zu Weihnachten zwei große Babypuppen zu kaufen, »so richtige, mit weichem Körper«. Eine der Puppen hat braune Augen, »weil die meisten Puppen blaue Augen haben«, und die andere hat eine Öffnung im Mund, in die ein Schnuller gesteckt werden kann. Diese Neuanschaffung ist ein voller Erfolg. Erst stürzen sich die Mädchen auf die Babys und spielen tagelang damit, Favoritin ist die Schnullerpuppe. Als das erste Interesse der Mädchen nachlässt, beginnen sich die größeren Jungen mit den Babypuppen zu beschäftigen. Die Leiterin erinnert sich: »Die Jungen gingen ganz zart mit den Puppen um, sie trugen sie im Arm, sprachen leiser und verhielten sich ausgesprochen fürsorglich.«

(Dieses fürsorgliche Verhalten erlebe ich übrigens auch bei 14-jährigen Jungen, wenn sie sich in einer Kindergruppe bewegen. Im Rahmen des ersten »Boys' Day«, den die städtischen Kindertageseinrichtungen Münchens 2004 Realschülern anboten, konnten diese Jungen erleben, wie sich der Alltag von Erzieherinnen und Erziehern gestaltet. Erfreulich viele Heranwachsende nahmen diese Möglichkeit wahr. Das Personal schilderte anschließend, wie sorgsam, wie sensibel viele dieser Jungen mit den kleinen Mädchen und Jungen umgingen.)

Doch zurück zu den Babypuppen: Als ich einige Wochen später diesen Kindergarten besuche, läuft ein fünfjähriges Kind mit der Schnullerpuppe herum. Den Schnuller hat sich das Kind selbst in den Mund gesteckt. Aus dem Auftreten, der Körperhaltung und dem engen Kontakt zu einigen Jungen in der Gruppe schließe ich, dass das Kind ein Junge ist. Ich spreche es auf die Puppe an und es teilt mir mit, dass das Baby »Paul« heißt. Das Baby ist also ein Junge – doch das Kind ist tatsächlich ein Mädchen, das meist mit Jungen zusammen ist.

»Du kümmerst dich um einen kleinen Jungen«, stelle ich

fest. Das Mädchen schaut mich abschätzend an: »Ja, ich will mal Jungen, wenn schon Kinder. Mit denen kann man viel mehr anstellen.«
»Was könntest du mit einem kleinen Mädchen anfangen?«
»Immer nur so das gleiche. Mit Jungen ist es viel spannender. Und mit einem Kind, das ein Junge ist, hat bestimmt auch die Mutter mehr Spaß.«
Dieses Mädchen hat für sich entschieden: Kinder sind nicht gleich. Mädchen sind langweilig, mit Jungen macht das Leben mehr Spaß und da Puppen jederzeit von einem Geschlecht ins andere verwandelt werden können, wird aus Paula dann ein Paul.

Wenn Mädchen mit Jungen »mithalten« wollen, übernehmen sie auch problematische Verhaltensweisen vom anderen Geschlecht, wie zum Beispiel den exzessiven Alkoholkonsum. Gemeinsames Saufen bis zur Bewusstlosigkeit gehört für viele männliche Jugendliche als übernommenes Ritual zum Mannwerden dazu. Seit süß schmeckende Alkopops auf dem Markt sind, werden immer häufiger auch Mädchen im Vollrauschzustand in Kliniken eingewiesen. Waren es 1993 noch 1470 Mädchen, stieg deren Anteil 2003 schon auf 4300. (Im Vergleich bei den Jungen: 1993 waren es 3060, 2003 6600 männliche Jugendliche, die behandelt werden mussten.)
Der Sozialwissenschaftler Klaus Hurrelmann stellte fest, dass junge Frauen plötzlich genauso viel Alkohol wie Jungen konsumieren. Und was sagen Mädchen selbst, warum sie Alkopops trinken? »Weil es nicht so nach Alkohol schmeckt, geht es leichter runter.«[11]
Können Sie sich noch an Ihr Empfinden zwischen dem 12. und 18. Lebensjahr erinnern? Nicht mehr Kind, aber

auch noch nicht erwachsen zu sein? Immer auf der Suche nach einem Orientierungspunkt, ausgeliefert dem ständigen Wechsel der Gefühle. Die Sehnsucht, endlich als junge Frau oder junger Mann wahrgenommen zu werden, ist groß.

Hatten Sie in diesen Jahren gleichgeschlechtliche Erwachsene zur Verfügung, die Ihnen Sicherheit gebend zur Seite standen?

Mit Kindern und Jugendlichen über den »ganzen Geschlechterquatsch« (so ein Neunjähriger, der sich nicht so sicher war, was er von Gesprächen mit mir halten sollte) zu sprechen, sie durch sinnlich wahrnehmbare Aktivitäten zum Denken anzuregen, ist eine der besten Möglichkeiten, die Vorstellungswelten von Mädchen und Jungen zu ergänzen.

Noch keiner Generation zuvor wurden ständig so viele virtuelle Klischees angeboten wie den Kindern und Jugendlichen heute. Wie ein Schwamm saugen Mädchen und Jungen diese Frauen- und Männerbilder als selbstverständlich auf und legen diese Botschaften in ihren Gehirnen ab.

Die Tatsache, dass das menschliche Gehirn sich ständig verändert, kann also auch genutzt werden, um Kindern lebensnahe Anregungen zu bieten. Mit jedem Gespräch, jeder erzählten Erfahrung, weitet sich die kindliche Vorstellungskraft. So wird es möglich, Visionen zu entwickeln und die Annäherung an neue Rollenmuster auszuprobieren. Dies gilt für Kinder und Erwachsene gleichermaßen. In den folgenden Kapiteln werden Sie sehen, dass jeder Lebensbereich, jede Realität viel Drehbuchstoff zum Nachdenken und Umdenken bietet.

Auf einen Blick

Alle Frauen und Männer durchlaufen geschlechtstypische Sozialisationsprozesse. Jedem Geschlecht werden »So war es schon immer ...!«-Vorgaben eingeflüstert, die den Zweck haben, sich dem »biologischen« Geschlecht (engl. Sex) anzupassen und nicht »sozial« (engl. Gender) aus der Rolle zu fallen. Geschlechterklischees von »typisch« weiblich oder männlich verhindern, dass wir wir selbst werden können. Eine geschlechtsneutrale Wirklichkeit gibt es nicht!

Geschlechtergerechtigkeit als politischer Auftrag hat folgendes übergeordnetes Ziel: Bei allen gesellschaftlichen Vorhaben werden grundsätzlich und regelmäßig die unterschiedlichen Lebenssituationen und Interessen von Frauen und Männern berücksichtigt. Dies gelingt nur, wenn wir uns als Individuen, als Männer und Frauen darauf einlassen.

Gender Mainstreaming heißt in diesem Zusammenhang auf institutioneller Ebene zum Beispiel:
- Geschlechterklischees werden wahrgenommen, analysiert und abgebaut. Dabei werden die unterschiedlichen Lebenslagen nach Alter und Geschlecht berücksichtigt.
- Bildungs- und Erziehungstheorien werden auf geschlechtstypische Rollenfestlegungen hin überprüft.
- In Bildungs- und Erziehungsinstitutionen werden Mädchen und Jungen geschlechtergerecht begleitet. Geschlechterstereotypen wie männliche Durchsetzungskraft/weibliche Anpassungsfähigkeit werden nicht mehr erwartet.

Im Alltagsleben beginnt Gender Mainstreaming mit der Frage:
- Was bin ich selbst bereit dazu beizutragen, dass beide Geschlechter – egal wie jung oder alt sie derzeit sind – sich frei entfalten können?
- Fragen Sie auf Personalversammlungen und/oder bei Vorgesetzten nach, wie weit die Gender-Mainstreaming-Analyse Ihres Arbeitgebers/Ihrer Arbeitgeberin vorangeschritten ist.
- Beziehen Sie Stellung, wenn Jungen abwertend über Mädchen sprechen.

Praxisidee:
- Nutzen Sie das Zusammensein mit dem Partner, der Partnerin, Freundinnen und Freunden. Spielen Sie gemeinsam durch, was Sie anders machen würden, wenn Sie plötzlich im anderen Geschlecht leben könnten oder müssten.

Vorbilder als Wegbegleitung

Wir alle, Frauen und Männer, sind als reale Vorbilder – als Menschen aus Fleisch und Blut – unentbehrlich, damit Mädchen und Jungen die eigene Geschlechterrolle einüben und sich mit der anderen vertraut machen können. Wir lernen am lebenden Beispiel leichter als aus Büchern oder Filmen. Kinder eifern uns nach, sie üben und ordnen zu: Wie verhält sich eine Frau, wie ein Mann? Kinder vergleichen, ergänzen ihre bisherigen Erfahrungen mit neu hinzugekommenen und beginnen zu fragen. Warum ist dies so? Ist es immer so? Ist es überall so? Warum darf ich dies, warum dies nicht?

Das Spektrum erweitern

Wenn sie auf Menschen treffen, die sich »anders« als andere verhalten, z.B. wenn ein Mann erstmals in ihrer Umgebung ein Baby wickelt, dann wird dem bisherigen Erfahrungsschatz »So ist ein Mann ...« ein erweiterndes Element hinzugefügt.

EIN VIERJÄHRIGER JUNGE, der erstmals einen Kinderpfleger beim Babywickeln beobachtet, fragt mich: »Ist das Baby aus seinem Bauch gekommen?« Bisher, so ergibt meine Nachfrage, hat er nur Frauen gesehen, die Babys wickeln, und er hat gelernt, dass Frauen Babys »kriegen«.

Dieser kleine Junge hat nachgedacht. Seine bisherigen Wahrnehmungen vom männlichen Geschlecht bieten dieses »Männerbild« nicht. Seine Frage und meine Antwort, »Das Baden, Wickeln und Füttern müssen alle Erwachsenen erst erlernen und Männer können dies genauso lernen wie Frauen«, erweitern sein Weltbild. Er fragt nach: »Was muss ich lernen, damit ich ein Baby richtig einpacken kann?« Der Kinderpfleger ist sofort bereit, den Jungen bei der nächsten Wickelaktion helfen zu lassen.

»Denken und Verstehen, das bedeutet, Orientierung suchen, Orientierung haben und Orientierung geben können in einer Welt, die uns mit immer neuen und immer mehr Einfällen, Eindrücken und Einsichten überhäuft«, formulierte Johannes Rau in seiner Rede auf dem Kongress »Wissen schafft Zukunft«.[1] Diese Tatsache wird in allen Lernfeldern gewürdigt; sie ist bisher aber nur am Rande in der Geschlechterpädagogik berücksichtigt worden.

Was wissen kleine Kinder über das, was eine Frau, einen Mann ausmacht? Erleben kleine Kinder ein solidarisches Miteinander von Frauen und Männern? Sehen sie Arbeitsteilung nach aktuellem Bedarf oder Zuschreibungen nach Geschlechtern getrennt? Die Erfahrungs- und Vergleichsmöglichkeiten für Kinder bis zum Alter von zehn Jahren sind meist sehr reduziert. Sie wachsen überwiegend im hautnahen Kontakt mit Frauen auf. Männer als Väter, Erzieher, Grundschullehrer zum Anfassen, Zuhören, Fragen und Nachahmen sind für Jungen (und Mädchen) die Ausnahme. Die Abwesenheit von Männern hat für das nachwachsende männliche Geschlecht fatale Folgen.

Zwar nahm in den letzten Jahren die Anzahl der Medienbeiträge über die Orientierungslosigkeit, die Aggressionsbereitschaft, die Einsamkeit der Jungen zu, doch Männer fehlen weiterhin, die bereit sind, Verantwortung für sie zu übernehmen. Es ist doch nicht die »Schuld« der Jungen, dass sie so sind, wie sie sind. Orientierungslosigkeit, Gewaltbereitschaft und Einsamkeit sind Kennzeichen der diffusen Männerrealitäten in unserer Gesellschaft.

So lastet eine übermächtige erzieherische Verantwortung auf den Schultern des weiblichen Geschlechtes. Welches Vorbild geben erwachsene Frauen – Mütter, Erzieherinnen, Lehrerinnen – ab? Nutzen sie die unbestreitbar vorhandene Macht, die sie, allein durch zeitlichen Umfang und räumliche Nähe auf dem Erziehungssektor, besitzen im Sinne einer gleichberechtigten Sozialisation von Mädchen und Jungen?

Sind Frauen bereit, den Männern zu vertrauen, wenn sie sich um ihre Kinder kümmern wollen?

Veränderungen sind sichtbar: Erfreulich häufig begegne ich in den letzten Jahren Vätern, die ihre kleinen Söhne und Töchter morgens auf dem Weg in den Kindergarten begleiten. In der einen Hand die Laptoptasche, in der anderen die Hand des Kindes. Männer auf dem Weg zur Arbeit über den Umweg zur Kinderbetreuung.

Erinnerung: Reale Vorbilder

Für mich als Mädchen gab es in der Kindheit nur reale, keine virtuellen Vorbilder. »Frau«, das waren die Mutter, Großmutter, Kindergärtnerin, Lehrerin. Die Bäckersfrau, die Verkäuferinnen in den Geschäften, die Krankenschwestern und die Frauen, die noch in unserem Wohnhaus lebten. Einige waren berufstätig, wie meine Mutter, andere Hausfrauen. Alles, was ich über Frauen wusste, wusste ich durch Beobachtung: Frauen haben einen Ehemann, einige Kinder, mit oder ohne Ehemann. Mütter sind erschöpft, schleppen ständig irgendwelche mit Lebensmitteln und Haushaltswaren gefüllten Taschen. Mal ist ihnen »unwohl« (weshalb wusste ich nicht), an Festtagen ziehen sie sich schöne Kleider an.

Der erste Buchstabe in meinem ersten Schulbuch war das große I. Abgebildet war ein blondes, ordentlich gekämmtes Mädchen mit riesiger rosa Stoffschleife im Haar, in weißem, gestärktem Kleidchen mit Gürtel um die Taille, dazu rosa Söckchen in glänzend schwarzen Lackschuhen. Ein nettes, sauberes Mädchen. Gerade reißt sie die Arme hoch und verzieht angewidert das Gesicht – denn neben ihr springt ein gleichaltriger Junge in Shorts und kurzärmeligem Hemd mit beiden Beinen in eine Pfütze. Die Wassertropfen schnellen in die Höhe und beschmutzen das weiße Kleid des Mädchens. Das Gesicht des Jungen zeigt große Begeisterung.

Ich nahm zuerst das Mädchen auf dem Bild wahr und ärgerte mich sofort über ihr Getue. Ich wäre viel lieber der Junge gewesen. Ein Mädchen, das »Iiih« schreit, war mir unsympathisch. Ich meine, es wäre doch ein Leichtes gewesen, den Buchstaben I durch einen Igel zu zeigen, oder?

Ich wüsste gern, wie die Jungen, die damals in meiner Klasse waren, diesen ersten Buchstaben in Erinnerung haben. Sie sind doch wirklich gut dabei weggekommen. Erstens werden sie in lustvoller Körperaktion gezeigt und dann lernen sie sofort, wie man Mädchen ärgern kann.

Dummerweise gab es früher auch in Kinderbüchern Mädchen fast nur in Nebenrollen. Die aktiven Kinder, die, die Spaß hatten, Unsinn trieben, Abenteuer erlebten, waren Jungen. Heute gibt es sehr lustige, spannende Bilder- und

Vorlesebücher, in denen beide Geschlechter als eigenständige Wesen auftauchen. Mädchen dürfen nun auch mal stark und Jungen ängstlich sein. (Siehe auch Medientipps im Anhang.)

Die erste Frau in meinem Aufwachsen, vor der auch Männer Respekt hatten, war die Direktorin der Oberschule, auf die ich ging: eine ältere, meist grau oder schwarz gekleidete kleine Frau. Ich musste einige Male in das Rektorinnenzimmer, um mir eine Strafpredigt anzuhören. Aber ihre Zurechtweisung war nie bösartig. Sie bot mir einen Stuhl an, sagte: »Erzähl, was hast du ausgefressen ...«, fragte nach den Gründen meines »Fehlverhaltens« und ihre Strafen waren akzeptabel. Diese Frau war weder nachtragend noch zynisch oder bösartig im Umgang mit uns Kindern. Sie nahm uns ernst und vermittelte: Du wirst es schon schaffen! Mein erstes reales weibliches Vorbild.

Was Frauen dachten, fühlten, sich wünschten, erfuhr ich als Mädchen nicht. Ich konnte mir gar nicht vorstellen, dass die erwachsenen Frauen auch einmal Mädchen gewesen waren.

Was Männer dachten, fühlten und sich wünschten, interessierte mich als Mädchen nur am Rande. Umgekehrt geht es den Jungen, Frauen sind das andere Geschlecht für sie, Männervorbilder sind gefragt.

Können Sie sich noch an gleichgeschlechtliche reale Menschen aus Ihrer Kindheit erinnern? Waren dabei Vorbilder, größere Kinder ebenso wie Erwachsene?

Wenn Sie als Mann sich erinnern, gab es einen Mann, der Ihnen imponierte, dem Sie ähnlich werden wollten? Wahrscheinlich haben auch Sie mehr Frauen als Männer um sich gehabt.

Heute, zumindest in den Städten, sind die Kontaktmöglichkeiten für Kinder zu Erwachsenen sehr eingeschränkt. Das Leben spielt sich in umzäunten Räumlichkeiten ab, in Erziehungs- und Bildungsinstitutionen oder in Kleinraumwohnungen. Sehr begrenzte Erfahrungsräume für Kinder, in denen Männer kaum erlebbar sind. Aufgrund dieser Mangelsituation wird jeder Mann, der sich in den Kinderwelten bewegt, als Sensation wahrgenommen. Mädchen und Jungen jubeln: »Endlich mal ein Mann!«, und die Frauen fragen sich: »Ist es denn nichts wert, was wir tun?«

Diese Frage ist zu emotional gestellt. So denken Kinder nicht. Sie verdeutlichen, dass ihnen Männer im Alltag als lebende Beispiele des männlichen Geschlechts fehlen. Kinder wollen – und brauchen – beide Geschlechter, um sich in der Welt zurechtzufinden.

Bewegten nur Männer die Welt?

Diese Abwesenheit des männlichen Geschlechts im realen Aufwachsen der Kinder steht im krassen Widerspruch zur Darstellung des Mannseins als historisches Vorbild:

»Die Gesellschaft hat goldene Kugeln, Bälle, Schwerter und Amtsstäbe als Insignien verehrter Männlichkeit glorifiziert: glänzende phallische Schaustücke, die das höchste Gut der Männer noch erhabener machten. Jede Generation hat die Nachwelt kräftig mit bunten Fiktionen und hohler Prahlerei angeschwindelt«, fasst Rosalind Miles die gesammelten Dokumentationen der Weltgeschichte zusammen.[2]

Da nur erinnert werden kann, was einmal kennen gelernt wurde, bleiben die Taten des weiblichen Geschlechts in der Dunkelheit der Geschichte versteckt. Vorbilder für Frauen und Mädchen, damit meine ich wirkliche Frauen der Vergangenheit, werden erst seit einigen Jahrzehnten mühsam aus alten Quellen herausgesucht.

Als Schülerin eckte ich im Geschichtsunterricht mit meinen Nachfragen an. Wenn ich wissen wollte, wo denn die Kinder bleiben in den vielen Kriegen, galt ich als vorlaut.

Wenn ich Bescheid wissen wollte, womit die Frauen ihre Kleider genäht hatten, als es noch keine Nähmaschinen gab, galt ich als oberflächlich. Alle meine Geschichtslehrer waren Männer und nur einer von ihnen berichtete auch über die Sehnsucht der Männer, endlich aus der Schlacht wieder nach Hause zu Frau und Kindern zu kommen. Durch ihn erfuhr ich erstmals, dass Soldaten auch Menschen mit Gefühlen, Ängsten und auch Väter sind.

Wodurch wird eine Frau, wodurch wird ein Mann ein Vorbild für Kinder?

Vorbilder entstehen nicht dadurch, dass die Frau sich wie eine »Heilige« darstellt, nicht dadurch, dass der Mann sich als »Autorität« definiert. Vorbilder werden Menschen, die mit Kindern im Dialog stehen. Menschen, die Kinder teilhaben lassen an ihrer Freude, ihrer Sorge, ihren Vorhaben. Alltagsgeschichten sind spannend und entlastend für Kinder. Wenn sie vom Vater oder Onkel hören, dass auch er Angst vor größeren Jungen hatte, wenn sie erfahren, dass die Mutter oder Tante auch keine Lust hatte, auf kleinere Geschwister aufzupassen, dann fragen sie nach: »Und, wie hast du das hingekriegt?«

Kinder lassen sich gern Geschichten von früher erzählen.

»Was nicht Stoff für einen aufregenden Roman oder Film sein kann, hat im Geschichtsunterricht für Schüler nichts zu suchen. Das Drama des Menschen in den Mittelpunkt zu stellen, heißt nicht, zu Formeln wie ›Männer machen Geschichte‹ zurückzukehren«, stellte Jürgen Busche in seinem Kommentar »Wozu Geschichte in der Schule?«[3] klar. Welche historischen Personen sind den heutigen Erwachsenen noch ein Begriff und weshalb?

Im November 2003 wurden mit großem Medienspektakel im ZDF »Unsere Besten« gesucht. »Was macht einen Menschen groß?«, wurde da vom Moderator gefragt und als Antwort gleich angeboten: Mut, Menschlichkeit, Genialität, Weltgeltung und Aktualität. Laut ZDF waren 55 Prozent der Wählenden Frauen. Doch sie wählten Männer. Frauen haben wenige gleichgeschlechtliche Vorbilder zur Verfügung.

Zu finden ist nur, was drinsteht

Verwundert es Sie, dass ich die Abwesenheit von Frauen in der Geschichtsdarstellung so sehr betone? Wie gravierend sich diese Ausblendung des Weiblichen aus der Entwicklungsgeschichte des Menschengeschlechts auch heute noch auswirkt, belege ich Ihnen anhand eines praktischen Beispiels:

IM LETZTEN SOMMER besuchte ich mit meiner elfjährigen Freundin Pauline das Staatliche Museum für Naturkunde Stuttgart, das Schloss Rosenstein. Im Eingangsbereich befindet sich der Museumsshop, Anziehungspunkt für Kinder.

Dort werden in Glasvitrinen allerlei Nachbildungen von Tieren der Vergangenheit ausgestellt und zum Kauf angeboten.

Mittendrin stehen nebeneinander aufgereiht sechs Figuren, die die »Entwicklung des Menschen« darstellen. Ich sehe dort nur männliche Figuren, alle in Kampfhaltung, fünf von ihnen mit einer Waffe in der Hand.

Mehrere Jungen stehen sichtlich beeindruckt vor dieser Darstellung des Menschen: Supermänner der Vergangenheit! Doch wo bleiben die Frauendarstellungen? Ich bitte die Kassiererin, mir die dazugehörigen Frauenfiguren zu zeigen. »Wieso Frauen?« »In der Vitrine sehe ich nur Männer in Kampfstimmung.« »Dort sehen Sie die Entwicklung des Menschen, mehr haben wir nicht im Angebot.«

Ich erfahre dann, dass diese Figuren für 15 Euro bei Jungen sehr begehrt sind. Mädchen, so die Frau an der Kasse, wünschen sich eher die glitzernden Steine. Kein Wunder, denn für Mädchen gibt es dort keine Identifikationsfiguren der Vergangenheit. Ich kaufe diese »Männerserie« als Beispiel kurzsichtiger museumspädagogischer Bemühungen.

»Darüber habe ich noch nie nachgedacht«, sagt die ältere Frau am Ende unseres Gesprächs.

Auf der Erwachsenenebene sieht es nicht anders aus. Die *Süddeutsche Zeitung* warb 2004 mit der »literarischen Sensation des Jahres«, als sie ihre SZ-Bibliothek mit »50 der besten Romane der Moderne, 50 der wichtigsten Erzähler des 20. Jahrhunderts« vorstellte. Nur vier Frauen sind in diese Bibliothek aufgenommen worden. In früheren Jahrhunderten haben Frauen selten die entsprechende Ausbildung oder Förderung erhalten, um Schriftstellerin zu werden. Doch bei der Vielzahl der herausragenden Erzählerinnen des 20. Jahrhunderts ist das Verhältnis Männer zu Frauen von 11:1 in dieser Auswahl wirklich ein beeindruckendes Beispiel für die Lässigkeit, mit der noch immer männliches Tun im Fokus liegt und weibliches Tun ignoriert wird.

Wo finden wir reale Personen der Vergangenheit, um sie Mädchen und Jungen zu präsentieren?

Nehmen wir ein Nachschlagewerk, das gerade mal zehn Jahre alt ist. Das Vorwort im *Harenberg Personenlexikon* beginnt vielversprechend: »Das Leben, die Gedanken, Taten und Werke von rund 3500 Frauen und Männern bilden den Grund dieses Lexikons. Menschen aus allen Kontinenten finden sich in einer Perlenkette von A bis Z aufgereiht ... kurze und lange Lebensbahnen, Leistungen und Auszeichnungen, aber auch Verbrechen und Irrtümer ... Die Religionen, der Adel, die Künste und die Kultur, die Wissenschaften und die Ökonomie, die Politik und die Medien, der Sport und die Unterhaltung bilden ein schillerndes Kaleidoskop.«[4]

Mit Kindern im Alter zwischen fünf und zehn Jahren habe ich dieses mehr als tausend Seiten umfassende Buch nach und nach durchgesehen. Wie die Raupe Nimmersatt fraßen wir uns durch dieses Lexikon hindurch. Ich las den Kindern einen Namen vor, »gehört dieser Name einer Frau oder einem Mann?«. Oftmals wurde geraten, denn aus den Vornamen anderer Kulturen ist das Geschlecht nicht immer automatisch ersichtlich. Wir haben eine Statistik erstellt, haben für jede Frau, die mit ihrem Lebenswerk auftaucht, einen Strich auf ein großes Blatt Papier gezogen. Das Ergebnis dieser Suche ist niederschmetternd:

Insgesamt werden 3654 Personen vorgestellt. Gefunden haben wir 396 Frauen, die für würdig befunden wurden, in den illustren Männerkreis aufgenommen zu werden. Darunter waren: 87 Schauspielerinnen, 82 Schriftstellerinnen, 52 Sängerinnen, 34 Politikerinnen und Friedensaktivistinnen sowie eine Terroristin, 23 Wissenschaftlerinnen und 22 Künstlerinnen. 20 Tänzerinnen, 17 Herrscherinnen, 11 Sportlerinnen und 11 Regisseurinnen. 8 Sozialreformerinnen und Frauenrechtlerinnen. Nur 3 Unternehmerinnen fanden wir. Die restlichen 26 Frauen wirkten in den Bereichen Musik, Mode und Journalismus (mit immerhin 7 Nennungen), eine war Juristin. Nicht einmal 11 Prozent macht der Frauenanteil in diesem Personenlexikon aus.

Die Kinder waren nicht verwundert: »Dann hat es eben nicht mehr Frauen gegeben«, sagten sie. Oder: »Wenn das Buch nicht mehr Seiten haben kann, müssen die eben auswählen.«

Im Anschluss an diese Bestandsaufnahme holte ich die Frauenlexika aus dem Regal und wir blätterten darin. Und nun veränderte sich die Einstellung zum Personenlexikon. »Warum ist denn die Frau nicht in dem Buch und die auch nicht?« Nun verstanden die Kinder: Bei allen Büchern über »früher« haben Menschen entschieden, welche Informationen in das Buch hineinkommen.

Die Subjektivität historischer Darstellungen fiel auch dem Astronomen und Humanisten Bruno Bürgel, Jahrgang 1875, auf. Er entstammte einer sehr armen Arbeiterfamilie. In seinen Lebenserinnerungen schilderte er den Alltag der arbeitenden Bevölkerung – seine eigene Lebensrealität. Früh schon begann er Wirklichkeit und Legendenbildung zu vergleichen. Über seinen Stiefvater schrieb er: »Es wurde ihm doch recht sauer, in seinen Jahren noch von früh bis spät auf dem Schusterschemel zu hocken und zu arbeiten, um das Nötigste zum Lebensunterhalt heranzuschaffen. Ich erinnere mich, hierüber die ersten, natürlich noch kindlichen, sozialen Betrachtungen angestellt zu haben. Irgendetwas stimmte da nicht überein mit den hübschen Moralgeschichten in meinem Schullesebuch.«[5]

An diesem Zitat wird deutlich, dass historische Quellen nicht nur das weibliche Geschlecht ausblenden, sondern auch alle »normalen« Männer. Helden werden angeboten, die dem eigenen Kulturkreis genehm sind. Die große Gruppe der arbeitenden, abhängigen, armen Männer wird ebenso unterschlagen wie die Verständigung zwischen den Kulturen oder die gemeinsamen Anstrengungen von Frauen und Männern im Kampf gegen Ungerechtigkeiten.

Ein großer Teil historischer Darstellungen strotzt vor Rassismus, vor Frauenfeindlichkeit und Abwesenheit von Alltagskultur.

LASSEN SIE SICH erzählen, was Kindern zu der Frage »Was ist ein Vorbild?« einfällt. Aus den vielen Antworten, die mir Kinder im Laufe der Jahre gaben, hier einige Beispiele aus dem Kindergartenalter:

»Das ist ein Bild, das vor jetzt war. Irgendein altes eben.« (Junge, 6 Jahre)

»Vielleicht ist das so ein Bild, wo ich dann die Zahlen mit Farben ausmale.« (Mädchen, 5 Jahre)

»Ist es das, wenn ich in den Spiegel gucke, wenn ich mich angucke?« (Mädchen, 5 Jahre)

»Mama sagt immer zu meiner Oma, dass Oma ihr Vorbild ist. Ich glaube, sie sagt, dass sie auch so viel schafft wie Oma.« (Junge, 5 Jahre)

»Das sagt, dass der einer ist, den soll ich mir merken.« (Junge, 6 Jahre)

»Mein Papa sagt, wenn im Fernsehen die Leute aus der Politik sich streiten: ›Und das sollen Vorbilder sein?‹ Und damit sagt mein Papa, dass dann die Leute, die das gucken, auch streiten. Und das findet er nicht richtig. Ich auch nicht.« (Mädchen, 6 Jahre)

Diese Mädchen und Jungen gehen sehr praktisch mit der Vorbild-Frage um. Sie nehmen sie wörtlich. Überrascht hat mich die weitsichtige Antwort »Wenn ich in den Spiegel gucke ...«. Wenn Sie heute noch einmal in einen Spiegel gucken, sehen Sie dort ein Gegenüber, das sich als lebensbejahendes Vorbild für Jüngere eignet? Haben Sie Kindern mehr zu bieten als der Fernseher?

Idole aus der Welt der Medien

Ständiger Gesprächsstoff unter Kindern ist der Austausch über das am Vortag konsumierte Fernsehangebot. Wer nicht mitreden kann, wird schnell zum Außenseiter, zur Außenseiterin.

Im Jahr 1997 erreichte das Fernsehen laut einer Untersuchung »an einem durchschnittlichen Wochentag 59% aller drei- bis 13-jährigen Kinder. Aus der Gruppe der Drei- bis Fünfjährigen war gut jedes zweite Kind (54%) zumindest kurz vor dem Fernsehgerät anzutreffen. Bei den Sechs- bis Neunjährigen wächst dieser Anteil auf 59% und bei den Sechs- bis 13-Jährigen auf 64% [...] Die durchschnittliche Sehdauer der Drei- bis Fünfjährigen lag 1997 bei 76 Minuten. Bei den Sechs- bis Neunjährigen stieg sie auf 91 Minuten.«[6]

Mit erstaunlicher Sicherheit können schon viele Vorschulkinder einen Videorekorder bedienen. Wenn ihnen das Fernsehprogramm nicht gefällt, schieben sie eine Kassette hinein. Und was sie dann sehen, ist oft nicht für Kinder geeignet. Auch beim Fernsehen achten Mädchen auf die weiblichen, Jungen auf die männlichen Akteure.

Meine Gespräche mit Grundschulkindern über ihre momentanen Vorbilder ergaben: Alle von ihnen genannten Personen waren ihnen aus dem Fernsehen bekannt, kein Kind nannte einen realen Menschen der persönlichen Umgebung. Da nennen Jungen Namen von Sportlern und Mädchen Namen von Sängerinnen.

Noch nie war die Auswahl an anonymen Vorbildern so groß wie heute. Allerdings dienen diese virtuellen Idole nicht wirklich zur Nachahmung. Sie kommen und gehen, werden inszeniert und gaukeln schnelle Erfolge vor. Vorbild für die Kinder, mit denen ich sprach, waren Personen, die berühmt sind und viel Geld verdienen. Das zeigt auch folgendes Beispiel.

EIN ZEHNJÄHRIGES MÄDCHEN hat illusorische Pläne: »Ich will werden wie Madonna.«

»Was gefällt dir an ihr so gut?«

»Sie hat immer alles, was sie will, und sie sieht super aus und kann gut singen. Und wenn sie sich nicht den Hals bricht, geht das auch noch eine Weile gut.«

Vom wirklichen Leben ihres Idols ist dem Mädchen nichts bekannt. Sie sieht eine singende, tanzende Frau, die in große Autos einsteigt, die über rote Teppiche läuft und bejubelt wird.

Dem Mädchen ihr Vorbild auszureden wäre keine Hilfe auf ihrer Vorbildsuche. Hilfreich dagegen ist es, genauere Informationen über Madonna zur Verfügung zu stellen. Denn diese Frau hat sich ihren Erfolg durch langjährige harte Arbeit verdient. Sie absolvierte ein Musikstudium und eine Tanzausbildung. Ihre Kindheit war alles andere als rosig. Vorbildhaft an ihr ist sicherlich für Mädchen, dass sie ihre Karriere strategisch plante, dass sie auch nach Misserfolgen nicht aufgab. Im Gespräch konnte dieses abstrakte Idol in eine reale Frau verwandelt werden.[7]

EIN ZEHNJÄHRIGER JUNGE, der mir Fußballstars aufgezählt hatte, antwortete auf meine Frage, ob es denn auch Frauen gibt, die er als Vorbild sehen könnte: »Frauen halten doch nichts aus. Frauen sind keine Vorbilder, sie sind Mütter!« Auch wenn diese spontane Antwort nicht gerade charmant ist, ist sie nachvollziehbar. Bedauerlich nur, dass ein Ralf Schumacher wesentlich attraktiver wirkt als der eigene Vater.

Beeindruckt hat mich folgender kurzer Dialog zwischen einem Journalisten und einem kleinen Jungen, dem fünfjährigen Sohn der sehr erfolgreichen uruguayanischen Dirigentin Gisèle Ben-Dor. Sie hat etliche Preise gewonnen, das Sonderkonzert zum Amtsantritt des amerikanischen Präsidenten George W. Bush geleitet, ist 1993 kurzfristig für Kurt Masur beim Konzert des New York Philharmonic Orchestra eingesprungen. Eine Frau in einer so genannten Männerdomäne – ein Vorbild. Ihr Sohn wurde nach einem ihrer Konzerte von einem Journalisten gefragt, ob er auch einmal Dirigent werden wolle. Seine Antwort wird Sie nun nicht mehr verwundern: »Nein, das ist doch was für Mädchen!«[8]

Eine passendere Geschichte für kindliche Wahrheiten hätte ich mir selbst nicht ausdenken können. Da gibt es eine berufstätige, erfolgreiche Mutter und ihr Sohn nimmt dies als selbstverständlich. Und so ist der Beruf der Dirigentin für ihn ein Frauenberuf. Er als Junge orientiert sich auf der Suche nach seiner eigenen Geschlechtsidentität nicht an ihr als Frau, ganz im Gegenteil, für ihn ist dies »Weiberkram«, wie Jungen so gern naserümpfend über Tätigkeiten von Mädchen und Frauen sagen.

Verstehen Sie, wie wichtig für Jungen männliche Vorbilder sind? Wahrscheinlich beeindruckt diesen Sohn einer berühmten Frau der auf einem Gerüst balancierende Beleuchter wesentlich nachhaltiger.

Vorbild sein – eine Alltagsherausforderung

Wenn wir uns bewusst entscheiden, Kindern und Jugendlichen ein Vorbild sein zu wollen, müssen wir darüber nachdenken, welche Werte wir ihnen vermitteln möchten. Ein »großer Deutscher« – ich erinnere noch einmal an die Definition des ZDF-Moderators – soll sich durch Mut, Menschlichkeit, Genialität, Weltgeltung und Aktualität auszeichnen. Was aber ist damit gemeint? Wann ist ein Mensch mutig? Wie vermitteln wir Kindern Menschlichkeit?

Wir sind Menschen mit individuellen Stärken und Schwächen. Hängen wir die Latte nicht zu hoch, Kinder erwarten nicht von uns, dass wir als Spiderman auftauchen.

Was erwarten sie dann von uns Erwachsenen?

- Vorbild zu sein heißt, die Kinder im Aufwachsen liebevoll und anteilnehmend zu begleiten.
- Vorbild zu sein bedeutet, eine eigene Meinung zu haben und diese auch mitzuteilen.
- Vorbild zu sein heißt, Kindern und Jugendlichen mögliche Auswege aus ihrer Orientierungslosigkeit anzubieten.

- Vorbild zu sein setzt voraus, eigene Schwächen zuzugeben und bereit zu sein, sich zu entschuldigen.
- Vorbild werden Menschen, die sich durch die eigene Person als mögliches Beispiel des Frau- oder Mannseins anbieten.
- Und: Vorbilder können auf tugendhafte Entrüstung verzichten.

Die Suche nach Vorbildern dauert auch im Erwachsenenalter an. Frauen und Männer, die eine Generation über mir stehen, sind heute die Personen, von denen ich lernen kann, was es bedeutet, mit Humor und Lebenserfahrung älter zu werden.

In der Lebensphase, in der junge Frauen und Männer darüber nachdenken, ob es möglich ist, Beruf und Familie miteinander zu vereinbaren, brauchen sie Personen, die ihnen bei dieser Lebensentscheidung zur Seite stehen. Ohne moralische Appelle, sondern mit erlebten Lösungs- und Unterstützungsangeboten.

Nicht das Prahlen mit eigenen Erfolgen, nicht die Rücksichtslosigkeit des Wettbewerbs und das Anschaffen von Prestigeobjekten hat menschliche Vorbildqualität, sondern die Kontinuität der Anteilnahme, die Bereitschaft zum Dialog, zur Führung ohne Gewalt und Überheblichkeit.

Als Chef oder Chefin entscheiden Sie, ob Ihr Personal an Ihrer Seite steht oder sich abwendet. Ihr Umgangston wird bis in die unterste Ebene Ihres Betriebes weitergegeben.

Wenn Menschen mit Personalmacht Frauen und Männer gleich behandeln, wenn Auszubildende als junge Menschen gesehen und ermutigt werden, den Betrieb mitzugestalten – dann sind sie verlässliche Vorbilder im weitesten Sinne.

Wenn Männer abwertend über Frauen sprechen, erleben Jungen, dass Frauen weniger wert sind, und Mädchen, dass sie selbst später auch einmal weniger wert sein werden. Wenn Erwachsene mit Kindern im Auto über die »Idioten« schimpfen, die das Überholen verhindern, oder über die »Alten«, die aus Kommunikationssehnsucht einkaufen gehen, dann prägt sich dies im kindlichen Gehirn ein.

Das momentan über die Bildschirme flimmernde Individuum steht in der Hitliste der Kinder-Vorbilder an oberster Stelle. Dies können wir beklagen, wir können Kindern aber auch Anregungen zur Erweiterung des aktuellen Weltbildes geben: Statt sie allein vor dem Fernseher sitzen zu lassen, können wir sie mitnehmen, damit sie das reale Leben beobachten können. Gehen Sie einmal mit einem Kind durch die Straßen Ihres Wohnortes und lassen Sie sich erzählen, was es sieht. Durch die Kindersicht entdecken Sie die Welt neu.

Denkmal – gemeißelt und gegossen

Können Sie aus dem Stand zwei Personen-Denkmäler in Ihrer Region benennen, Vorbilder aus der Vergangenheit, die Sie auf einem Spaziergang zeigen könnten?

Ich meine Menschen oder Menschengruppen, die der Nachwelt aufgrund ihrer Taten oder Gedanken in Erinnerung gehalten werden sollen. Die Identität einer Nation, einer Gruppe, einer Religionszugehörigkeit, eines Ortes soll durch die Erinnerung an Personen der Geschichte gestärkt werden.

Zu Denkmälern wurden Kaiser, Könige, Kriegsführer, Dichter, Denker, Künstler ...

Diese Aufzählung kommt nicht von ungefähr. Denn meist sind die als erinnerungswert definierten Personen Männer. Haben sich Personen schon zu Lebzeiten selbst zu sehr inszeniert, kann es ihnen passieren, dass sie in Zeiten politischer Unruhen vom Sockel gestürzt werden. Wir können diese Demontagen in den Fernsehnachrichten miterleben.

Haben Sie sich schon einmal gefragt, wer darüber entscheidet, ob eine Person es wert ist, Grünanlagen zu schmücken, Straßen oder Plätzen ihren Namen zu geben?

Allein die Straßennamenvergabe wurde zum Politikum, als Frauen untersuchten, wie häufig Frauennamen in den örtlichen Straßennamen auftauchten. In Berlin z.b. stellten die Forscherinnen der Berliner Geschichtswerkstatt im Rahmen einer Straßennamenanalyse 1988 fest: »Von den gut 6000 Straßen West-Berlins tragen 1917 Personennamen, davon gelten Frauen immerhin 164. Das macht knapp 1/10 der nach Männern benannten aus. Wirklichen Frauen sind davon aber nur 110 Benennungen gewidmet, 54 Straßennamen beziehen sich lediglich auf anonyme Vornamen.« Bei den Männernamen trifft diese Anonymität nur auf 15 Straßennamen zu.[9]

Egal, wo Sie derzeit wohnen, schlagen Sie doch einmal das Straßenverzeichnis Ihres Ortes auf: Lassen Sie den Blick über die Straßen mit Eigennamen schweifen. Wie groß ist in Ihrem Ort der Anteil von Frauennamen? Sie werden feststellen, dass Frauen oftmals mit einem Pfad, einem Steig, einem Gässchen abgespeist werden, während die Männernamen alle wichtigen Knoten- und Kommunikationspunkte des Ortes schmücken.

Diese Aktivität lässt sich sehr vergnüglich mit Kindern durchführen. Für dieses Statistikspiel benötigen Sie:
- Eine Leselupe, das vereinfacht das Auffinden der Namen.
- Zwei gleich große Glasschalen oder große Trinkgläser: eine für Frauen-, eine für Männernamen.
- Gummibärchen oder getrocknete Erbsen.
- Das örtliche Straßenverzeichnis.

Lesen Sie die Straßennamen laut: Männer- oder Frauenname?

Legen Sie für jeden Männer- oder Frauennamen eine Erbse oder ein Gummibärchen in die jeweilige Schale.

Mit dieser Aktion vermitteln Sie Kindern gleichzeitig, dass Zahlen auch eine Menge sind. Eine Rechenübung, die in jeder Schulklasse durchgeführt werden könnte. Damit schaffen Sie Fakten. Am Ende der Aktion wird das »Männer-Gefäß« gefüllter sein als das andere.

Was antworten Sie Kindern, wenn diese nachfragen: »Warum gibt es so viele Männer und so wenige Frauen auf Straßennamen?«

»Daran sollst du denken«

Weshalb ist es so aufwändig, weibliche Denkmäler zu finden? Weshalb fehlen Frauen aus Stein, aus Bronze in Stadtbildern, an die wir uns erinnern könnten? Haben Frauen keine erinnerungswürdigen Leistungen vollbracht, sind sie des Nachdenkens nicht wert?

Zum Münchner Stadtgründungsfest im Jahr 2000 entstand die Idee, ein »Münchner Rathaus Bilderbuch – Teil 2«

herauszubringen. Das erste Rathausbilderbuch hatte die Männer vorgestellt, die die Rathausfassade schmücken. Diese neue Broschüre bekam den Untertitel »Die Frauen, die man nicht sieht«.[10]

Ich übernahm die »kindgerechte Bearbeitung« dieses historisch interessanten Themas. Im Folgenden stelle ich Ihnen die erstaunlichen Ergebnisse meiner Gespräche mit Mädchen in Münchner Kindertagesstätten vor.

MICH INTERESSIERTE, wie kleine Mädchen sich Denkmäler für Frauen vorstellen. Haben sie überhaupt Vorstellungen, was fällt ihnen zur Präsenz von Frauen ein?

Meine Einstiegsfrage lautet: Was fällt euch ein zu dem Wort »Denkmal«?

Eine Fünfjährige hatte sofort eine Idee: »Also, das ist, wenn eine Frau und ein Mann sich lieb haben und sich dann verheiraten. Und dann streiten sie sich und trennen sich und der Mann sagt zu seiner Frau: ›Denk mal an mich!‹«

Einer Sechsjährigen fällt dazu ein: »Wenn meine Mama und mein Papa tot sind und sie sind auf dem Friedhof und ich gehe zu dem Grab, dann denke ich mal an sie.«

Diese Mädchen hatten schnell den Sinn des Begriffs »Denkmal« erfasst. Es ist die deutliche Aufforderung, an eine oder mehrere Personen zu denken. Ich erzähle ihnen, dass es Denkmäler aus Stein oder Bronze gibt, die an Plätzen in den Städten der Welt stehen.

»Hat eine von euch schon einmal ein solches Denkmal gesehen?«

»Ich weiß eins, das steht da, wo ich öfter langgehe. Das ist ein großes Pferd und das macht vorne so (sie zeigt, wie das Pferd mit den Vorderbeinen hochgeht). Und gleich wird es den Mann runterwerfen.«

Ich frage nach: »Woran sollen wir uns erinnern, wenn wir dieses Denkmal sehen?«

»Na, es ist ein Denkmal für ein Pferd, dem der Mann auf dem Rücken zu schwer war, und das hat sich gewehrt!«

»Kennt ihr eine Frau von früher, an die heute noch gedacht wird?«

»Ja, da war doch die Cleopatra. Das ist die mit der Schlange und dann war sie tot und nun ist sie ein Denkmal.«

Und ihre Freundin ergänzt: »Ich weiß auch ein Denkmal für eine Frau. Das ist die Maria überall in den Kirchen, die hat ganz viele Denkmals!«

»Warum sollen wir an diese Maria denken?«

»Weil, die war die Mutter von ihrem Sohn, dem Jesus. Und sie war ganz gut zu ihm und dann war Jesus auch ganz gut.«

Ein Mädchen wird ganz konkret: »Man kann sich auch als Denkmal verkleiden.«

»Eine gute Idee«, sage ich, »dann probiert doch einmal Denkmäler aus. Denkmäler werden als Auftragsarbeit an Künstlerinnen und Künstler gegeben. Sie sollen dann eine Person darstellen. Jetzt seid Ihr die Auftraggeberinnen für mich. Ihr stellt oder setzt oder legt euch so hin, wie ihr wollt. Ihr schafft das Vorbild für mich, wonach ich als Künstlerin ein Frauendenkmal aus Stein anfertigen soll.«

Dieser Vorschlag gefällt den Mädchen und schon geht es los: Die Erste stellt sich mitten in den Raum, breitbeinig mit über den Kopf erhobenen Händen. Ich frage, was diese Figur mir sagen will.

»Die Frau trägt einen Korb über dem Kopf.« »Was ist in diesem Korb drin?« »Äpfel sind da drin«, und ein anderes Mädchen ruft: »Oder die Gräser von den Körnern.«

»Woran soll ich denken, wenn ich diese Frau mit dem Korb über dem Kopf aus Stein sehe?« »Du sollst daran denken, dass

Frauen immer das Essen für uns einkaufen und so viel tragen müssen, damit wir keinen Hunger haben!«

Ein anderes Mädchen stellt sich auf ein Bein und breitet die Arme aus.»Das ist eine Balletttänzerin, die hat ganz viel geübt und kann ganz gut tanzen und alle Leute gucken zu und freuen sich.« Eine ist ganz aufgeregt.»Ich weiß auch einen Stein für Frauen, das sind zwei Frauen, die umarmen sich.« »Und woran soll ich denken, wenn ich diese zwei Frauen aus Stein sehe?« »Das sind Freundinnen und die helfen sich immer. Meine Mama hat auch eine Freundin schon ganz lange und es ist gut, wenn wir eine Freundin haben, daran sollst du denken!«

Als Nächstes stellt ein Mädchen eine Frau mit einem Buch dar:»Du sollst daran denken, dass die Frauen uns was lernen, damit wir später viel wissen, das sind die Lehrerinnen in der Schule und die sind doch ganz wichtig für alle Kinder!«

Eine legt sich seitlich auf den Boden und schließt die Augen. Ich hocke mich zu ihr und frage:»Liebes Denkmal, woran soll ich denken, wenn ich dich liegen sehe?« »Du sollst sehen, dass die Frau schläft, und du sollst daran denken, dass du gute Träume hast!«

Ich teile große Malblätter und dicke Stifte aus und bitte die Mädchen, ein Frauendenkmal zu zeichnen. Sie zeichnen konzentriert, bringen mir ihre Denkmalentwürfe und erklären, woran ich denken soll, wenn ich ihr Denkmal gestalte. Hier das Ergebnis der Malaktion, eine Empfehlung an all diejenigen, die verantwortlich sind für die Denkmalpflege:

Eine Seiltänzerin, die schwindelfrei und mutig war – Eine reiche Frau, die ganz gut zu den Kindern war, mit einem Luftballon – Eine Mutter mit einem Baby im Bauch, weil Frauen die Kinder kriegen – Ein Mädchen, das ganz klug ist und bald ganz viele Sachen machen kann – Eine Frau, die Liebeskummer hat, weil, das haben alle Frauen mal – Eine Königin, weil sie mutig und ehrlich war – Eine Frau, die Äpfel nach Hause trägt, damit wir Essen haben und nicht verhungern – Eine Frau, die an ihrem Schreibtisch sitzt und Frauen hilft, wenn die nicht wissen, was sie tun sollen – Eine Frau mit einer Gitarre, die selber ihre Musik machen kann – Freundinnen, die ganz lieb miteinander umgegangen sind.

Das Ergebnis ist verblüffend: Kleine Mädchen stellen Frauen dar, so wie sie Frauen erleben. Sie weisen auf Begabungen, Gefühle und Tätigkeiten hin, die weibliches Leben – aus ihrer jungen Lebenserfahrung heraus – auszeichnen: Die Frau als Mutter, Ratgeberin, Trauernde, Freundin. Als Künstlerin, als mutiges und begabtes weibliches Wesen. Hier geht es nicht um Eroberungen und Kriege, sondern um Sozialverhalten, um Freude und Freundschaft. Erstaunt war ich darüber, dass so selbstverständlich künstlerisch tätige und berufstätige Frauen dargestellt wurden. Im Gespräch mit der Leiterin dieser Einrichtung erfuhr ich, dass einige Mütter im wirklichen Leben diese Berufe ausüben. Aktive Vorbilder also für die Töchter. Weibliche Denkmäler, kreiert von kleinen Mädchen, sehr anregend.

»Die Männer haben die Frauen oft nicht gelassen ...«

EINIGE TAGE nach meinem Besuch in einem Kindergarten bin ich mit Mädchen in einem Hort verabredet. Wie gehen Neunjährige mit der Frage nach der Abwesenheit von weiblichen Denkmälern im Stadtbild um? Was fällt ihnen zu den Frauen von Kaisern, Königen oder Herzogen ein? Die gleiche Frage: »Was fällt euch ein zu dem Wort ›Denkmal‹?«

»Na, dass man an etwas denken muss«, ist die erste Antwort.

»Ja, man soll an einen ganz besonderen Menschen denken.«

»An einen Menschen aus der Vergangenheit vielleicht.«

»Ein Denkmal kann eine Statue sein, die steht dann irgendwo, wo viele Leute vorbeigehen.«

»Aber vielleicht soll man auch an die Zukunft denken, damit man besser aufpasst auf die Erde.«

»Kennt ihr ein Denkmal hier in München?«

»Ich habe Drachen gesehen aus Stein an Häusern und als Brunnen.« »Woran sollen wir denken, wenn wir Drachen sehen?« »Na, das war bestimmt, dass wir an die Angst denken, die die Leute früher vor den Drachen hatten.«

»Ich kenne ein Denkmal mit Soldaten. Vielleicht sollen wir an den Krieg denken und dass da immer so viele Menschen sterben müssen.«

»Habt ihr schon einmal ein Denkmal für eine Frau gesehen?« Sofort fällt den Mädchen die große Bavariastatue auf der Theresienwiese ein: »Vielleicht war das die erste Frau hier in der Stadt ganz früher?« (Diese »Bavaria« entstand 1850, sie war eine Auftragsarbeit Ludwigs I., gedacht als riesiges Symbol bayerischen Nationalbewusstseins.)

»Ich glaube, auch die Maria ist ein Denkmal. Da sollen wir daran denken, dass Frauen auch Heilige waren, die immer alles ganz gut gemacht haben für andere.«

Ich zeige den Mädchen das erste »Münchner Rathaus Bilderbuch«, sie betrachten die 42 abgebildeten Herrscher. Ein Mädchen sagt: »Die sehen alle ganz gleich aus, immer haben sie etwas in der Hand, aber was sie gemacht haben, das sehe ich nicht.«

»Weshalb«, frage ich, »gibt es nur Herrscher am Rathaus und keine Herrscherinnen?«

»Ich glaube, die Männer haben die Frauen oft nicht gelassen, weil sie alles besser wissen und können wollen als Frauen.«
»Vielleicht haben die Männer gesagt: ›Mach ein Denkmal von mir für später, wenn ich tot bin.‹ Und so etwas sagen Frauen vielleicht nicht.«
»Vielleicht haben die Königinnen immer nur da gesessen und gar nichts getan, sonst müssten sie ja auch am Rathaus sein, oder?«

Ich erzähle den Mädchen von den Frauen dieser Herrscher. Besonders beeindruckt, dass die Herrscherinnen zum Teil schon als kleine Mädchen verheiratet wurden, weil deren Väter mit dieser Heirat politische Pläne verfolgten, um ihr Land zu vergrößern, um mehr Macht zu haben.

»Das ist ja gemein, konnten sich die Mädchen da nicht wehren?«
»Warum sind die Mädchen denn nicht weggelaufen?«
»Und wenn sie den Mann, den sie heiraten mussten, ganz gemein fanden, mussten sie trotzdem bei ihm bleiben?«
»Ja, oft lebten sie bei ihrem Mann in einem Land, wo sie die Sprache nicht kannten. Sie lebten vielleicht ganz einsam auf einer Burg, ihr Mann war lange Zeit mit seinen Soldaten in Kriegen unterwegs und wenn der Mann seine Frau nicht mehr wollte, konnte er sie einsperren oder in ein Kloster schicken.«
»Dann war es ja ganz schlimm, eine Prinzessin zu sein. Ich würde mich nicht einsperren lassen!«

Die Mädchen sind empört. Bisher war eine Prinzessin für sie eine Figur aus dem Märchen, eine Königin hatte schöne Kleider, Diener und konnte machen, was sie wollte.

Die Mädchen diskutieren noch eine Weile darüber, weshalb Männer sich »so gern als Kämpfer darstellen lassen«.

Plötzlich sind sie in der Gegenwart angekommen, berichten von Männern, die ihre Frauen und Kinder schlagen, über Gewalt in den Familien. Das Ergebnis ihrer Überlegungen: »Es könnte doch vor einem Gefängnis immer ein Denkmal für die geprügelten und ermordeten Frauen stehen, damit die Männer darin die Frauen nicht vergessen dürfen.« Als ein Mädchen zu bedenken gibt, dass die Männer doch gar nicht vor das Gefängnis kommen, beschließen sie: »Das Denkmal muss da stehen, wo die Männer immer im Hof im Kreis gehen. Dann müssen sie um die Frau rumgehen und sich entschuldigen.«

Damit hier kein falscher Eindruck entsteht: Ich halte mich aus dieser Diskussion heraus, notiere nur, was die Mädchen sagen. Am Ende unseres Gesprächs sind die Mädchen davon überzeugt, dass es bestimmt viele mutige und kluge Frauen an der Seite von Kaisern und Königen und anderen »Bestimmern« gegeben hat.

Diese Gespräche machen deutlich, dass es sehr wohl möglich ist, mit Kindern über Sinn und Zweck von Denkmälern zu sprechen. Interessant wäre nun die Variante: Gespräche mit Jungen im gleichen Alter, angeleitet von einem Mann.

Wenn Jungen sich Denkmäler ausdenken würden, welche Eigenschaften hätten dann die denkwürdigen Männer?

Auf einen Blick

Für jeden Lebensabschnitt brauchen wir Vorbilder. Kleine Mädchen und Jungen orientieren sich an allen Erwachsenen, die sich in ihrem Umfeld aufhalten, um herauszufinden: Wie werde ich eine Frau, wie ein Mann? Die Abwesenheit von Männern in Kindheit und Jugend verhindert, dass Jungen sich an realen gleichgeschlechtlichen Vorbildern orientieren können. Idole der Medienwelt ersetzen zunehmend uns reale Menschen.

Das Fernbleiben des männlichen Geschlechts im Aufwachsen der Kinder steht im krassen Widerspruch zur Darstellung des Mannseins als historisches Vorbild in Geschichtsbüchern, Lexika und als steinerne Denkmäler.

Gender Mainstreaming heißt in diesem Zusammenhang auf institutioneller Ebene zum Beispiel:
- Öffentliche Gebäude (wie Schulen), Straßen und Plätze werden gleichwertig nach Frauen und Männern benannt.
- Schulbücher werden auf Klischees und Auslassungen hin untersucht und durch bisher fehlende Informationen über Alltagserfahrungen von Frauen und Männern, aber auch über herausragende Leistungen des weiblichen Geschlechts ergänzt.

Im Alltagsleben bedeutet Gender Mainstreaming in diesem Zusammenhang zum Beispiel:
- Beide Geschlechter beteiligen sich aktiv am Erziehungs- und Bildungsprozess.
- Auf abwertende Schimpftiraden, auf Respektlosigkeit oder einseitige Bevorzugung des eigenen oder anderen Geschlechts wird verzichtet.

Praxisideen:
- Wie sagte doch gleich ein kleines Mädchen: »Vorbild – ist es das, wenn ich in den Spiegel gucke, wenn ich mich angucke?« Nehmen Sie sich einmal die Zeit, gucken Sie in einen Spiegel und finden Sie heraus, ob Sie Kindern und Jugendlichen mehr Vorbild sein können, ob Sie mehr zu bieten haben als die Idole aus der Medienwelt.
- Gucken Sie mit Kindern öffentliche Plakatwände an: Welche Frau, welcher Mann verbirgt sich wohl hinter dem abgebildeten Gesicht?
- Laden Sie in Kindergärten/Horte alte Menschen ein, die erzählen, wie sie wurden, was sie sind.

Getrennte Räume – auch bei Spiel und Spaß

Erwachsene äußern mir gegenüber immer wieder, dass sie leider keine Zeit haben, mit Kindern zu spielen. Spielen wird als Luxus der Kindheit dargestellt:»Ja, früher, da hatten wir noch Zeit zum Spielen ...« Heute geht es für viele Erwachsene auch in der Freizeit um vorzeigbare Ergebnisse. Wann haben Sie das letzte Mal mit Vergnügen gespielt? Für sich allein z.b. eine Patience gelegt, ein Puzzle zusammengesetzt, Muße für Ihr liebstes Hobby gehabt? Womit spielen Männer, womit Frauen, was sammeln die Geschlechter? Auch hier werden wir von Klischees verfolgt.

Ich selbst erlebe dies immer wieder, wenn ich von meiner Briefmarkensammlung erzähle.»Sie als Frau sammeln Briefmarken?« Ja, ich sammle seit 25 Jahren diese kleinen bunten Kunstwerke, insbesondere Frauenabbildungen aus aller Welt.

Anfang Mai 1990 wurden auf der Internationalen Briefmarkenbörse Frauen befragt, ob sie mitgingen, wenn ein Mann sagen würde:»Ich will Ihnen gern meine Briefmarkensammlung zeigen.« Keine der vielen Befragten wollte mitgehen.»Das ist doch ein alter Trick«,»Der will nur mit mir ins Bett!« waren die häufigsten Antworten. Keine der Frauen hatte selbst Interesse an den Kleinoden aus Papier.[1]

Männern wird als Freizeitbeschäftigung z.B. das Motorradfahren, Fliegen, das Angeln, der Amateurfunk, der Modellbau und nicht zuletzt das Surfen im Internet zugeschrieben, Frauen in erster Linie die Begeisterung für Handarbeiten, neue Kochrezepte oder Pflanzen. Wenn Frauen sich für den Motorsport interessieren, fallen sie ebenso auf wie Männer, die sich dem Sticken zuwenden; beide »fallen aus der Rolle«.

Sind Sie selbst in einer Familie aufgewachsen, in der gemeinsam gespielt wurde? Oder gehören Sie zu den Menschen, die Brett- und Kartenspiele hassen, weil sie als Kind immer verloren haben? Wenn ein Kind spielt, heißt es, ist es gesund.

Mädchen und Jungen beim selbstbestimmten Spiel zu beobachten ist eine Möglichkeit, sie wahrzunehmen. Werden sie nicht gestört, können sie Stunden in einer eigenen Welt verbringen. Spielerisch erproben sie die Spielregeln der Erwachsenenwelt um sich herum.

IN MEINEM WOHNUMFELD leben Jungen und Mädchen im Alter zwischen zwei und zwölf Jahren. Da hinter den Häusern große Rasenflächen und ein kleiner Sandspielplatz verfügbar sind, spielen sie bei fast jedem Wetter draußen. Aus meinen Fenstern kann ich ihnen dabei zusehen. Die Spiele sind überwiegend Bewegungsspiele. Mädchen und Jungen jagen sich, klettern auf die großen Bäume. Die Jungen bauen Zelte auf dem Rasen auf und spielen Camping, die Mädchen hocken auf Decken und kämmen ihre Barbiepuppen.

Mal spielen beide Geschlechter miteinander, mal getrennt. Die größeren Mädchen tragen die kleinen durch die Gegend. Ein idealer Ort für Kinder. Wenn nicht einige ältere Frauen wären, die sofort aus ihren Fenstern herausschimpfen, wenn die Kinder zu hören sind. So bleibt es nicht aus, dass ich mit den Schimpfenden spreche und sie davon zu überzeugen suche, dass es zum Spielen dazugehört, dass Kinder zu hören sind.

»Die sollen auf einen Spielplatz gehen« oder »Die machen den Rasen und die Bäume kaputt« sind die empörten Antworten auf meine Schlichtungsversuche. Keine guten Zeiten für spielende Kinder!

Der öffentliche Raum, selbst der Rasen hinter dem Haus, gehört den Erwachsenen. Verbotsschilder überall. Kinder werden an Spezialorte gefahren, meist von Frauen. »Zum Spielen mit anderen Kindern bringt man kleine Kinder in den Kindergarten; wenn größere Kinder Ball spielen wollen, gehen sie zum Sportplatz; wenn sie klettern wollen, gehen sie zum Spielplatz; wenn sie sich ›beschäftigen‹ wollen oder sollen, gehen sie zum Töpferkurs«, fasst Helga Zeiher in ihrer Analyse die Spielmöglichkeiten für Kinder in der Stadt zusammen.[2]

So halten sich Kinder an immer wieder unterschiedlichen, oftmals weit voneinander entfernten Orten auf. Jedes Mal sind andere Kinder um sie herum. Alltagstaugliche Freundschaften können nur schwer entstehen, denn spontane Begegnungen finden nicht mehr statt. Und damit ergeht es ihnen schon wie den Erwachsenen, die weite Entfernungen zwischen Arbeits- und Privatleben zurücklegen müssen. Weder hier noch dort können Freundschaften spontan gepflegt werden.

Raumverteilung: Frauenorte – Männerorte

Mädchen halten sich zum Spielen an anderen Orten auf als Jungen. Frauen an anderen Orten als Männer.
Gibt es in Ihrer Nähe eine Parkanlage? Dort treffen Sie wahrscheinlich auf das männliche Geschlecht. Die Jüngeren spielen Fußball oder Tischtennis. Ältere verbringen Stunden an Schachspielfelder mit riesigen Figuren. Alte Männer sitzen auf den Bänken und kommentieren die Aktivitäten der Jüngeren.

Die zentralen Plätze in den Städten gehören – spätestens bei Einbruch der Dunkelheit – den Männern.

Frauen sind entweder im Haushalt tätig, gehen einkaufen oder schieben Kinderwagen die Parkwege entlang, sitzen auf den Spielplatzbänken und kontrollieren das dortige Geschehen. Ältere Frauen sitzen im Cafe und beobachten das Leben durch Fensterscheiben. Wenn es dunkel wird, zieht sich das weibliche Geschlecht in überschaubare Innenräume zurück.

Die Regieanweisung »Mädchen und Frauen gehören abends nicht auf die Straße ...« wird von Müttern an Töchter weitergereicht. Ein Mädchen, das sich an öffentlichen Plätzen aufhält, wird schnell zur »Gefährdeten«, denn um sie herum sind Jungen. »Für die Stadt Frankfurt am Main schätzt ein Mitarbeiter des Jugendamtes, dass 80–85% des öffentlichen Raums, den Jugendliche sich aneignen, fest in männlicher Hand sind.«[3] Kein Wunder also, dass das männliche Geschlecht selbstverständlich davon ausgeht, dass der öffentliche Raum ihm gehört.

Die amerikanische Modezeitschrift »Glamour« beschäftigte sich 1997 mit dem Thema. Folgende dort beschriebene Beobachtung können Sie selbst sofort überprüfen: »Wenn ein Mann und eine Frau sich auf der Straße in entgegengesetzten Richtungen gehend begegnen, bleibt der Mann auf seiner ›Spur‹ und erwartet von der Frau, dass sie ihm ausweicht – was in aller Regel auch geschieht. Der Stärkere geht zuversichtlich weiter, die Unterlegene springt vom Gehsteig, um ihm Platz zu machen.«[4]

Männer sind die Ausweichbereitschaft von Frauen so sehr gewöhnt, dass es fast zum Zusammenstoß kommt, wenn ich nicht zur Seite gehe.

Im privaten Raum sieht es nicht anders aus: Frauen verzichten eher auf ein eigenes Zimmer, sie schreiben am Küchentisch, sie bügeln da, wo gerade eine Steckdose in der Nähe ist. In den Kindertagesstätten verzichten viele Erzieherinnen auf eine angemessene Stuhlhöhe. Sie hocken zusammengefaltet auf Kindergartenstühlen und leiden unter Rückenbeschwerden.

Einige Erholungsorte der Geschlechter werden durch Steuergelder ermöglicht. Ein Rechenbeispiel der Landschaftsplanerin Maria Spitthöver zeigt die Unterschiede der öffentlichen Investitionen für Männer- und Frauenfreizeitangebote: »Die eindeutig männliche Domäne Fußball verursacht – auch als Wirtschaftsfaktor – enorme Kosten: Stadien wollen gebaut und unterhalten werden, Spieler und Spiele sind aufwändig, Polizeieinsätze und Reinigungsdienste fallen an – wie viele Schwimmbäder könnten mit diesen Summen unterhalten werden? Aber die Bäder werden geschlossen, obwohl sie zu den wenigen Freizeit-/Freiraumangeboten für (ältere) Frauen zählen.«[5] Erinnern Sie sich: Ältere Frauen haben keine Lobby.

Angebot und Nachfrage orientieren sich am männlichen Geschlecht. Da ergeht es den alten Frauen wie den kleinen

Mädchen: Kindergartenmädchen nehmen weit weniger Platz in Anspruch als die Jungen. Sie leben ohne zu murren auf kleinerem Raum. Wenn Jungen mit den Autos spielen, rollen sie diese unter Tischen hindurch, schubsen sie mit Kraft über den Boden und kleine Mädchen springen zur Seite. Wenn Jungen mit Dreirädern, mit Rollern im Garten spielen, rasen sie, so schnell es ihnen möglich ist, durch das Gelände. Auch hier weichen die Mädchen aus. Es wäre auch unklug, einfach stehen oder hocken zu bleiben, denn die Wahrscheinlichkeit, dass der Junge ausweicht, ist ihrer praktischen Erfahrung nach gering und ein Zusammenstoß schmerzt und wird von Jungen noch mit dem vorwurfsvollen Ausruf »Warum bist du nicht zur Seite gegangen?« kommentiert.

Männer, denen ich nicht aus dem Weg gehe, schnauzen mich an: »Können Sie nicht aufpassen?« Sie sehen: Hänschen hat von Hans gelernt!

Eine Möglichkeit, die Angebote im öffentlichen Raum zu erforschen, ist das Zuordnen der Flächen nach Geschlecht. Stellen Sie sich vor, Sie würden mit roten und blauen Klebepunkten losziehen und auf alle Flächen, die Sie als Frau interessant finden, einen roten Punkt kleben und Männer täten das gleiche mit blauen Punkten. Auch in Familien- oder Paarhaushalten lässt sich diese Statistik durchführen. Jede im Haushalt lebende Person klebt Farbpunkte an alle Flächen, die sie häufig nutzt oder gern nutzen würde. In den meisten Wohnungen, die von Frauen und Männern gemeinsam genutzt werden, lassen sich dann geschlechtstypische Raumnutzungen erkennen.

Spielwelten – eine Recherche

In Mädchenzimmern sieht es anders aus als in Jungenzimmern, beide Räume sind oftmals angefüllt mit Spielzeug und trotzdem langweilen sich die Kinder.

Zum Geburtstag, zu Ostern und Weihnachten stellt sich für Eltern und Verwandte die gleiche Frage: Was schenke ich dem Kind? Mütter sprechen am Telefon Empfehlungen aus, Kinder schreiben Wunschzettel.

Früher spielten kleine Kinder in der Nähe der Erwachsenen. Wenn Spielzeug gekauft wurde, dann sollten im Spiel die späteren, nach Geschlechtern unterschiedenen Arbeiten und Arbeitsbereiche eingeübt werden. Die Jungen bekamen Pferde, Fuhrwerke, Holzbaukästen und Laubsägen. Später liefen blinkende, steifbeinige Roboter über Fußböden und Tische.

Die Mädchen spielen seit Generationen mit Puppen, Puppenküchen, Puppenwagen. Die Babypuppe bekam irgendwann eine Stimme. Einige Mädchen schlitzen deshalb der Puppe den Bauch auf: Sie wollen gucken, welche Mechanik den Ton macht. Auf die Dauer ist das Spielen mit mechanischem Spielzeug und Baukästen sehr viel abwechslungsreicher und kreativer als das ewige Herumtragen von Puppen.

Werbetexte der Spielwarenindustrie richten sich heute direkt an Mädchen: »Im modernen Puppenhaus findest du eine Küche, Badezimmer und ein Schlafzimmer. Mit viel Zubehör, leicht zusammenzuklappen und einfach zu verstauen.« Im wirklichen Leben wird es ein ewiges Drama sein, die lila und rosa farbenen Plastikteile ab- und wieder aufzubauen. Und das alles für den stolzen Preis von 74,99 Euro. So bewegen sich kleine Mädchen heute schon zwischen Küche, Bad und Schlafzimmer hin und her. Soll dieses Angebot auf die Rolle der Hausfrau und Mutter mit immer gleichen langweiligen Alltagsroutinen vorbereiten?

IN BILLIGWARENKAUFHÄUSERN finde ich für Mädchen ein riesiges Sortiment von Frauenköpfen aus Plastik mit Kunsthaaren. Grell bemalte Frauengesichter zum Auf-den-Tisch-Stellen mit Lockenwicklern als Beigabe. Ich spreche mit einer Frau, die gerade dabei ist, dieses Monsterteil zu kaufen, und erfahre, dass ihre fünfjährige Tochter gern Haare frisiert. Schließlich ist es doch gut, »wenn ein Mädchen lernt, sich allein die Haare zu wickeln, bei diesen Friseurpreisen heute!«, begründet diese praktisch veranlagte Mutter den Einkauf. Die beste Übung wäre es doch, wenn die Tochter der Mutter die Haare frisieren dürfte.

In einem anderen Regal sind »Big Boy Toys« gestapelt: »Voll beweglich mit Zubehör« und »Sammle sie alle« steht auf der Klarsichtverpackung. Zur Auswahl werden den Jungen ein weißhäutiger Disc-Jockey mit Kappe und Kopfhörern, ein Dunkelhäutiger mit Kofferradio, Sonnenbrille und Handytasche und ein gefährlich dreinschauender Junge mit Spraydosen und Gasmaske angeboten. Auch nicht kreativer als der Frisierkopf für die Mädchen.

In Spielwarenfachgeschäften ist die Auswahl riesengroß. Schon das Barbie-Puppen-Sortiment ist beeindruckend. In allen nur vorstellbaren Kostümierungen und versehen mit unterschiedlichstem Beiwerk wird Barbie angeboten: Märchenschlösser in Rosarot oder Hellblau, Traumschiffe und Cabrios. Eine Barbie hat Geld, sie kann sich jeden Wunsch erfüllen. Vor den Regalen hocken Mütter mit ihren Töchtern und verhandeln: Nehmen wir die im Hosenanzug oder die im Abendkleid? Die Preise sind gepfeffert, pro Figur bis 29,99 Euro, doch das hält die Mütter nicht vom Kauf ab. Mit einigen unterhielt ich mich, sie alle haben als Mädchen selbst mit diesen langbeinigen, mageren Nachbildungen des weiblichen Geschlechtes gespielt. Barbie wird in vier Jahren 50 Jahre alt. Über eine Milliarde Exemplare sind schon verkauft worden.

Gehen bei diesem Spielzeug die Meinungen von Frauen weit auseinander, so sind Babypuppen ein fester Bestandteil aller Mädchenzimmer.

AUF MEINE FRAGE an eine Fachverkäuferin, ob auch Männer Puppen kaufen, kam die überraschende Antwort: »Männer haben davon doch keine Ahnung. Sie stehen vor dem Angebot, drehen und wenden die Puppen. Denen muss man richtig auf die Finger gucken, denn sie ziehen einfach die Kleider aus.« »Tun das alle Männer ...?« »Na ja, nicht alle, aber viele.«

»Bekommen Jungen auch Puppen geschenkt?«, frage ich weiter. Die Verkäuferin zeigt begeistert auf das Jungen-Puppen-Angebot. »Das sind richtige Jungen, mit allem Drum und Dran. Sie verstehen? Die kaufen junge Mütter für ihre Söhne.« In dieser Abteilung überwiegen Pastellfarben.

Ganz anders ist die Ausstrahlung in der Technikecke. Bis hoch an die Decke gestapelte Kartons, überall piepst und knattert es. Etwas ratlos stehe ich da herum. Eine junge Verkäuferin kommt auf mich zu: »Das ist normal, dass Sie als ältere Frau sich da nicht auskennen, das geht allen so. Schicken Sie doch Ihren Mann vorbei, der hat sicher mehr Ahnung.« So schnell geht das, von jetzt auf gleich bin ich zu einer älteren Frau mutiert. Im Gespräch erfahre ich, dass überwiegend Männer dort hinkommen, um ihre Söhne zu beschenken, »aber oft sind die

Kinder noch viel zu klein dafür. Ich glaube, die Männer kaufen die Sachen für sich und schieben die Kinder nur vor.«

Es ist ein Leichtes, massive Unterschiede im Angebot für Mädchen und Jungen festzustellen. Nachdenken, forschen, zusammenbauen ... Diese kindlichen Erfolgserlebnisse, wenn aus Einzelteilen ein ganzes, immer wieder anders aussehendes Gebilde entstehen kann, bekommen überwiegend Jungen. In einem Spielwarenkatalog mit »hochwertigem Material und anspruchsvollem Design« werden Jungenträume wahr: »Um die Welt besser zu verstehen, erschaffen sich Kinder ihre eigene. Sie erforschen die Schwerkraft, fliegen zum Mond und fangen Ganoven: Im Spiel bringen sie das ein, was sie Tag für Tag sehen, hören und erleben.«[6]

Falls Sie diese Beobachtungen für übertrieben halten, gehen Sie selbst einmal in einen Spielwarenladen.

Wie einschneidend sich die Technikferne des Spielangebotes für Mädchen auswirkt, zeigt beispielsweise die Erfahrung in der Musikindustrie. »Mädchen wird der Umgang mit rockspezifischen Instrumenten erschwert, da in ihrer geschlechtsspezifischen Sozialisation eine technische oder naturwissenschaftliche Interessensbildung nicht betrieben wird. Die Neigung zur sachbezogenen Tätigkeit, wie sie im Bereich Technik erforderlich ist, ein selbstverständliches Umgehen mit technischen Geräten und Lösen etwaiger Probleme ist für den aktiven Umgang mit technisch verstärkter Musik unabdingbar.«[7]

Ich habe in Musikinstrumentengeschäften nachgefragt: Mädchen bekommen erst Blockflöten, später Querflöten und Klarinetten, Jungen Trommeln und später E-Gitarren geschenkt, bestätigt das Verkaufspersonal meine Vermutung.

Diese Beispiele mögen reichen, um deutlich zu machen, wie sehr Spielzeug und Spielort die Entwicklung beider Geschlechter beeinflussen. Wie auf der Bühne gibt es im wirklichen Leben nicht nur die Haupt- und Nebenrollen, sondern auch das passende Bühnenbild mit entsprechender Möblierung der Räume.

Stöbern Sie einmal in Ihrer Küche, dem Speicher oder Keller, dort findet sich ausreichend Material zum Spielen. Schenken Sie Kindern Dinge, die wirklich Spaß machen können und zum Selbstgestalten anregen: ein Fernglas, ein Vergrößerungsglas, hochwertige Malutensilien, eine Trommel, Stoffreste, den schönsten Stein, den Sie selbst gefunden haben, eine Tüte mit Briefmarken, große Kunstbücher vom Flohmarkt, Küchensiebe für den Sandkasten, Schuhschachteln für Fundstücke ... Dinge, die nicht unter die Rubrik »Kinderspielzeug – geschlechtergetrennt« einzuordnen sind. Sammeln und sortieren tun alle Kinder gern.

Spaß an Werkzeug und Technik – für Mädchen!

EINES ABENDS STOLPERE ich in meiner Wohnung über den Werkzeugkasten, der dringend aufgeräumt werden muss. Ich nehme diesen Kasten, so chaotisch wie er gepackt ist, mit in eine Hortgruppe und bitte mehrere Erstklässlerinnen, mir beim Aufräumen zu helfen.

Neben dem Kasten habe ich kleine Klarsichtschachteln aufgereiht, in die Schrauben, Muttern, Bilderaufhänger usw. sortiert werden können.

Die Mädchen machen sich mit mir an die Arbeit. Einige

Werkzeugteile kennen sie vom Namen, wissen auch, wofür sie genutzt werden: Hammer, Nagel, Handsäge. Das Sortieren der Schrauben wird zur sportlichen Betätigung. »So viele verschiedene, das hätte ich nicht gedacht.« Zollstock, Zentimetermaß, Wasserwaage, Feilen, Spannhaken kennen die Mädchen nicht. Sie probieren dann aus, welcher Schraubenzieher zu welchen Schrauben passt.

Die elektrische Bohrmaschine kennen fast alle Mädchen. »Meine Mama hat eine Freundin, die bohrt dauernd irgendwo Löcher mit so einem Ding!« Aber keines der Mädchen hat bisher selbst eine Bohrmaschine in der Hand gehalten. Sie beeindruckt das Gewicht. »Wie soll man denn damit ein Loch bohren, die ist ja viel zu schwer!« Wir holen ein Stück Holz, ich zeige ihnen, wie sie den Bohrer halten müssen, und jedes Mädchen bohrt ein Loch in das Holz.

Die Mädchen sind zufrieden, haben einiges hinzugelernt und ausprobiert. Ich schlage ihnen vor, zu Hause in den Werkzeugkasten zu sehen. (Irgendwo hat jede Familie Nägel, Schrauben, Hammer etc. verstaut.)

Einige Tage später kommt ein abholender Vater auf mich zu. Seine Tochter habe am Wochenende darauf bestanden, in den Werkzeugschrank zu gucken, und hätte ihm aufgezählt, welche Teile sie kannte. Er ist sichtlich beeindruckt: »Ich wäre nie auf die Idee gekommen, Katrin an mein Werkzeug zu lassen. Das werde ich jetzt ändern!«

Haben Sie selbst schon einmal ausrangierte Elektrogeräte auseinander genommen, um zu erfahren, was sich hinter dem Gehäuse verbirgt? Fast jedes Spielzeug lassen Kinder stehen, wenn Erwachsene ihnen erlauben, das Innenleben von Gebrauchsgegenständen zu erkunden. Dies sind Hilfestellungen für das wirkliche Leben.

Das Bauecken-Phänomen

In einem Spielbereich ist die Geschlechterzuschreibung schon im Kindergartenalter folgenschwer ausgeprägt: Die Bauecke mit den vielen wunderbaren Kästen voller Holzbausteine, Holzschienen, kleiner Autos, Playmobilfiguren und Legosteine gehört (fast ausschließlich) den Jungen.

Vielleicht liegt mein Interesse daran, dass ich selbst – aufgewachsen im Berliner Nachkriegskindergarten – eine begeisterte Baukastenspielerin war. Schon Anfang der 50er-Jahre gab es die Fröbel'schen Baukästen, die heute noch genauso aussehen und angefüllt sind mit Bausteinen in verschiedenen Größen. Wir verbrachten ganze Nachmittage damit, Bausteinschlangen zu stellen, ganz vorsichtig dicht hintereinander durch den ganzen Raum, um dann – endlich – dem letzten Stein einen Schubs zu geben – und der stieß gegen den nächsten und nächsten und nach und nach fiel die ganze Schlange um. Die Steine legten sich gleichmäßig hin, wenn beim Aufbau der Abstand richtig eingeschätzt worden war.

Weshalb spielen heute die Mädchen nicht mit den Bausteinen? Weshalb gestalten sie nicht mit Legosteinen? Hier geht es nicht um Körperkraft – bauen kann jedes Kind. Nein, es geht um Durchsetzungsvermögen, nämlich das der Jungen, die – als stünde es so im Buch aller Bücher – die Bauecken als ihr Revier bezeichnen. Ein Mädchen, so akzeptieren es auch die Mädchen selbst, hat in der Bauecke nichts verloren.

Wo ich auch hinkomme, meist halten sich Jungen in der Bauecke auf, die viel Bodenfläche des Raumes einnimmt und einen Teppich zum Draufsetzen hat. Es ist häufig der einzige Platz im Raum, wo Kinder nicht auf Stühlen, sondern auf dem Boden sitzen.

Die Bauecke ist der Lieblingsrückzugsort der Jungen im Gruppenzimmer, denn der Baueckenteppich liegt an einer Wand und niedrige Schubladenschränke stehen drum herum – ein Sichtschutz. Was Jungen außer Bauen dort noch tun, ist nicht immer offiziell. Sie hecken dort auch ihre Streiche aus, sie ziehen sich verärgert dorthin zurück, werden von anderen Jungen aufgenommen oder vertrieben.

Je länger ich mich mit diesem Bauecken-Phänomen beschäftige, desto mehr neige ich zu der Ansicht, dass dieser Bereich den Jungen so gut gefällt, weil sich ihnen dort die Überschaubarkeit innerhalb und Unüberschaubarkeit von außen bietet. Wenn sie dann Männer geworden sind, verschwinden sie im Hobbykeller, im Arbeitszimmer, in der Garage.

Um in dieses festgezurrte Ritual Bewegung zu bringen, hockte ich mich selbst in Bauecken und begann mit den Steinen zu spielen – und bald kamen Mädchen, zuerst zögerlich. Aber dann zeigte ich ihnen den Trick mit der Bausteinschlange und sie bekamen Spaß daran. Bald spielten auch Jungen mit. Doch kaum entfernte ich mich, zogen sich auch die Mädchen zurück. Es sind nicht nur die Bausteine, auch die Brio-Holzeisenbahn, Playmobil-Männchen, Autos. All die eben aufgezählten Spielmaterialien werden in erster Linie von Jungen genutzt. Liegt dies daran, dass Frauen selbst keinen Spaß am Spiel mit diesen Materialien haben?

Freispielzeit für Erwachsene

IM RAHMEN EINER Klausurtagung zum Thema »Raumgestaltung und Materialangebot für Mädchen und Jungen«, die ich für ein pädagogisches Team durchführe, will ich in Erfahrung bringen, wie es erwachsenen Frauen mit Bodenspielzeug geht. Die Aufgabe für die Frauen zwischen 20 und 48 Jahren ist schlicht: »Gehen Sie spielen!« Die Pädagoginnen reagieren erst einmal zurückhaltend. »Wie viel Zeit möchten Sie zum Spielen haben?« 20 Minuten Freispielzeit erscheint ihnen genug.

Doch mit plötzlicher frei zu gestaltender Zeit ist es nicht einfach umzugehen. Jede Frau kennt diese Blockaden, wenn sie plötzlich Zeit für sich haben kann. Was bedeutet es für die anderen, wenn ich allein spielen will? Wie fühle ich mich, wenn niemand mit mir spielen will? Wir alle kennen die Angst, aus einem Gruppengeschehen ausgeschlossen zu werden. Sagen Kinder noch »Niemand will mit mir spielen!«, heißt es im Erwachsenenleben »Niemand kann mich leiden!«.

Die Kolleginnen beginnen zu spielen: manche allein, andere zu zweit, einige zu viert. In einem Raum wird auf dem Teppich ein Schloss mit Menschen und Tieren erbaut. Eine lange Bausteinschlange zieht sich unter Tischen und Stühlen hindurch bis in den Flurbereich hinein. In einem anderen Raum wird eine Höhle gebaut mit allen Kissen und Decken, die verfügbar sind. Pflanzentöpfe werden auf dem Boden als Gartenanlage dekoriert (Kinder dürfen die Pflanzen nicht auf den Boden stellen). Eine Frau verzieht sich in den kleinen Raum und baut sich ein Bett in einer Zimmerecke. Puppenecken werden umfunktioniert in Erlebnisecken.

Als ich nach 20 Minuten in alle Räume gehe und sage, was sonst Mütter und Erzieherinnen zu den Kindern sagen: »Die

Spielzeit ist zu Ende, alles aufräumen!«, können die Frauen kaum glauben, dass die Zeit schon abgelaufen ist: »Wir haben gerade erst angefangen, wir wollen weiterspielen!« Am Ende dieser Aktion, die dann eine Stunde lang dauert, stellen die Frauen fest:

Spiel entsteht nicht von jetzt auf gleich. Absprachen untereinander brauchen Zeit. Puppenecken an sich sind langweilig. Um Höhlen bauen zu können, fehlen Kissen und Decken. Es gibt zu wenig frei zugängliche Bodenflächen, da alle auf dem Boden spielen wollen.

Und als es ums Aufräumen geht, wollen alle ihre Kunstwerke stehen lassen.

Kinder weigern sich nicht aus »Trotz« oder »Faulheit«, Gebautes aufzuräumen. Sie wollen sich später weiter damit beschäftigen können, sie wollen das Entstandene, auf das sie stolz sind, nicht zerstören. Die Frauen erlebten selbst, dass »typisches« Jungenspielzeug wesentlich mehr Gestaltungsmöglichkeit bietet, und ließen Puppen und Malutensilien links liegen.

Für Architekturbegeisterte: Was ist gleich – was ist anders?

Wettspiele eignen sich vorzüglich, wenn es um Geschlechtergerechtigkeit geht. Wenn Mädchen durch eigenes Tun erleben, dass sie den Jungen gleichwertig sind, gewinnen sie an Zutrauen. Wenn Jungen erleben, dass Mädchen gleichwertig sind, verhalten sie sich respektvoller.

Stadtplanung und Architektur, das ist aus dem Vorangegangenen deutlich geworden, wirken in den Ergebnissen auf beide Geschlechter unterschiedlich. Es macht also Sinn, mit Kindern über Städtebau, Baukunst, Raumgestaltung zu sprechen. Kataloge mit Küchenmöbeln (die in keine der kleinen Küchen zu Hause passen), Grundrisse von Schulen, die Suche der Spielplätze auf einem Stadtplan – all dies verdeutlicht Kindern die Macht der »Macher« und »Entwickler«.

IN EINEM HORT gestalte ich unter dem Projekttitel »Bauen und wohnen – früher und heute« einen Bauwettbewerb. Ich erzähle den anwesenden Mädchen und Jungen vom Streit der Baumeister des Freiburger und Ulmer Münsters um die höchste Turmspitze. Und dann von der ersten Dombaumeisterin, die 1997 für den Kölner Dom verantwortlich wurde. Die Kinder hören aufmerksam zu und wir sammeln besonders »schöne« Gebäude, die die Kinder schon einmal gesehen haben.

Dann werde ich konkret: »Wenn Mädchen und Jungen die gleiche Menge Steine zum Bauen haben, kommt das Gleiche dabei heraus?« Die Jungen sagen: »Na, die Mädchen werden einfach bei uns abgucken« – »Was sollen sie denn anders machen als wir?« – »Wir geben ihnen halt eine Chance ...« und einige Mädchen schließen sich dieser Einschätzung an. Wenige Mädchen glauben, dass sie »anders« bauen.

Die Kinder sind bereit, diese These zu überprüfen. Wir teilen die vielen Baukästen gerecht auf. Jede Gruppe bekommt eine Stunde Zeit. Und welche Unterschiede oder Ähnlichkeiten zeigen sich bei dieser Aktion?

Die Jungen: Vier Jungen bauen zusammen, sie sprechen sich ab, eine Spirale entsteht. Vier andere Jungen verhandeln erst einmal, bis sie sich entscheiden, ob sie gemeinsam und wenn ja, was sie bauen könnten. Zwei bauen für sich allein »einen ganz hohen Turm«. Bald gibt es Konflikte, weil einem Jungen die Steine ausgehen. Er verlangt von den anderen Nachschub und der erste Streit beginnt. Nach 25 Minuten sind alle Steine verbraucht, zwei Bauwerke eingestürzt, auch die Spirale.

Die Mädchen: Sie setzen sich in einen Kreis. Die Älteste gibt den Ton an, schlägt vor, ein Schloss zu bauen. Die »Großen« bauen, bekommen die Steine zugereicht, die Jüngsten schauen erst zu, helfen dann mit und es entsteht ein rechteckiger großer Bau mit Säulen in den Ecken. Einmal stürzt eine Ecke ein, die erschrockene Verursacherin wird von den anderen getröstet. Insgesamt brauchen die Mädchen 40 Minuten, denn sie dekorieren ihr Bauwerk. In die Mitte bauen sie einen Brunnen, schneiden aus Papier einen blau bemalten Wasserkreis aus, die jüngsten Mädchen malen bunte Blumen, die von den Größeren ausgeschnitten und auf das »Wasser« gelegt werden. Am Ende der Aktion sind alle Mädchen mit dem gemeinsamen Bauwerk zufrieden.

Die Jungen sind von dem, was sie bei den Mädchen sehen, sehr beeindruckt. Einer glaubt, dass die Mädchen viel mehr Steine gehabt haben. Ich erkläre ihm, dass es einen Unterschied macht, ob alle Steine für ein Bauwerk genutzt werden oder ob parallel sechs Bauwerke entstehen sollen. Die Jungen wollen »am liebsten noch mal von vorne anfangen und erst dann die Mädchen gucken lassen«. Doch dafür reicht die Zeit nicht mehr. Am Ende dieser Aktion stellen die Jungen erstaunt fest, dass die Mädchen »einfach besser waren«.

Wie sehr dieses unterschiedliche Vorgehen dem der Erwachsenenwelt gleicht, bemerkt eine ihren Sohn abholende Mutter. Sie bleibt, um sich »das Ergebnis nicht entgehen zu lassen«. Als ich den Jungen und Mädchen am Ende erzähle, was ich beobachtet habe, wird die Mutter ganz aufgeregt: »Was ich hier heute erlebt habe, ist unglaublich. Ich habe das Gefühl, Sie haben mit den Kindern das gespielt, was gerade an meinem Arbeitsplatz passiert. Die meisten von uns arbeiten so vor sich hin, vereinzelt und in Konkurrenz. Nur wenige sind bereit, zusammen zu planen. Das, was die Mädchen gemacht haben, ist doch das einzig Richtige für die Zukunft: Zusammen geht es einfach besser – es kommt etwas Sichtbares dabei heraus! Übermorgen haben wir Teamsitzung, da werde ich diese Geschichte der bauenden Kinder erzählen!«

Die Mutter redet so lebhaft, dass die meisten Kinder erstaunt zuhören. Ich »übersetze« ihnen dann noch einmal den Sinn dessen, was die Frau von ihrer Arbeit erzählt hat – und die Kinder verstehen, denn sie hatten es gerade selbst durchgespielt!

Hier zeigt sich, wie unterschiedlich Mädchen und Jungen in der gleichgeschlechtlichen Gruppe agieren, wenn eine »Aufgabe« gestellt wird: Die Jungen tun sich nur für Momente zusammen, sie konkurrieren eher, wollen jeder für sich – die meisten Steine, den höchsten Turm, das größte Lob ...! Sie wollen schnell fertig werden, sind leicht ablenkbar und verlieren schon beim Tun die Lust am Projekt. Die Mädchen sprechen sich ab, gehen selbstverständlich davon aus, dass sie als Gruppe auch gemeinsam aktiv werden. Hier gibt es eine Wortführerin und dann eine Rangordnung. Treten dann Mädchen und Jungen im gemischtgeschlechtlichen Team gegeneinander an, entstehen plötzlich Bauwerke, in denen sowohl weibliche als auch männliche Wünsche realisierbar werden. In Folgeprojekten zeigte sich das deutlich.

Wenn Frauen und Männer gemeinsam die Verantwortung für stadtplanerische Maßnahmen tragen, wenn die Raumverteilung in Wohnungen dem wirklichen Alltagsbedarf von Frauen, Männern und Kindern entspricht, dann haben wir es geschafft: statt getrennter Lebenswelten gemeinsame Aktionsräume.

Auf einen Blick

Der öffentliche Raum gehört den Erwachsenen, genauer gesagt, dem männlichen Geschlecht. Frauen ziehen sich bei Einbruch der Dunkelheit in Innenräume zurück. Kinder werden – meist von Frauen – an Spezialorte gefahren, die außerhalb des realen Lebens angesiedelt sind. Die Spielwarenindustrie manifestiert traditionelle Geschlechterrollen. Spielzeugangebote und Spielorte beeinflussen die Entwicklung der Kinder, sie unterstützen oder verhindern Begabungen und Erfahrungen.

Gender Mainstreaming heißt in diesem Zusammenhang auf institutioneller Ebene zum Beispiel:
- Öffentliche Plätze, Spiel- und Sportanlagen werden daraufhin überprüft, zu welchen Zeiten und mit welchen Aktivitäten sie von den Geschlechtern genutzt werden.
- Architekten, Architektinnen und Verwaltungsangestellte der Bauämter erhalten Bedarfsvorgaben, die z.B. Sanitäranlagen für beide Geschlechter, ausreichende Beleuchtungsmöglichkeiten der Außen- und Innenflächen und Kinderwagenstellplätze beinhalten.
- Frauen werden gleichwertig in stadtplanerische Entscheidungen eingebunden.

Im Alltagsleben bedeutet Gender Mainstreaming in diesem Zusammenhang zum Beispiel:
- Erwachsene achten darauf, dass Jungen und Mädchen den gleichen Zugang zu techniknahem Spielmaterial erhalten.
- Bilder- und Kinderbücher verschwinden aus den Regalen, wenn darin Frauen überwiegend in traditionellen Rollendarstellungen, Jungen ausschließlich als mutig und Mädchen als schmückendes Beiwerk dargestellt werden.

Praxisideen:
- Besuchen Sie ein Spielwarengeschäft und finden Sie mit geschärftem Blick die Beschäftigungsmöglichkeiten heraus, die sowohl für Mädchen als auch Jungen interessant sein können.
- Wenn Sie Kinder beschenken wollen, achten Sie auf Gaben, die anregen zum kreativen Tun.
- Schieben Sie einen Kinderwagen vor sich her und beobachten Sie, wie die Fortbewegung im öffentlichen Raum plötzlich zum Hürden- und Hindernislauf wird. Nehmen Sie hierzu Kinder/Jugendliche mit, die auch mal schieben.

Hat der Ball ein Geschlecht? – Sportliche Inszenierung

In diesem Kapitel werde ich Ihnen am Beispiel der sportlichen Betätigung »Fußball« aufzeigen, dass die Ge- und Verbote sich für beide Geschlechter im Laufe der Zeiten immer wieder ändern und wie sehr die Auswirkungen allgemeiner Geschlechtsrollenerwartungen unsere Wahrnehmung beeinflussen.

Ich hätte dies auch durch Darstellungen aus den Bereichen der Musik, der bildenden Kunst, der Wissenschaften, Mode oder Religion aufzeigen können. Da Fußball als »Volkssport« in unserem privaten Bereich über die Fernsehschirme flimmert, als Wirtschaftsfaktor sogar zu Volksabstimmungen über den Bau eines neuen Stadions führt, können Sie alle in diesem Kapitel mitreden. Es kommen darin Männer und Frauen vor.

Fußball – für wen und warum?

Erst einmal unabhängig vom Geschlecht: Was spricht für die Sportart Fußball? In der Welt der Erwachsenen bietet sie das gemeinsame spielerische Tun in der Freizeit. Bei Kindern unterstützt wird sowohl die körperliche als auch die geistige Entwicklung: Ballspiele im Team bieten eine Bewegungsmöglichkeit unter freiem Himmel – das Erlernen und Behalten von Regeln – Freundschaften entstehen – eigene Bedürfnisse müssen hinter dem Gruppeninteresse zurücktreten – Sieg und Niederlage werden durchgestanden. Ein Fußballspiel trainiert nicht nur die Koordination von Beinarbeit und Blickkontakt, es ist ein soziales Spiel mit festen Regeln und fördert das Selbstvertrauen.

Allein diese Aufzählung wird ausreichen, um Ihnen als Erwachsene darzulegen, dass Fußball eine richtig gute Sportart für Kinder ist.

Jungen spielen ständig Fußball, mit allem, was sich kicken lässt. Wenn ein Junge sich weigert, wird er vom Vater mit Sorge betrachtet. Ist alles in Ordnung mit dem Kind? Weshalb sollte es dem weiblichen Geschlecht nicht ebenso viel Genuss bereiten, schnell zu rennen, ständig im Kontakt mit Mitspielerinnen zu sein, Tore zu verhindern und Tore zu schießen! Dieses Vergnügen hat doch erst einmal nichts mit einer Geschlechtszugehörigkeit zu tun, oder?

Am 12. Oktober 2003 siegten die deutschen Fußballerinnen in der Weltmeisterschaftsendausscheidung über die Schwedinnen. Ein spannendes, faires und kreatives Zusammenspiel. »Frauenfußball ist wirklich anders. Weniger körperbetont, nicht so dynamisch, nicht so athletisch. Dafür aber technisch viel schöner als bei den Männern – und viel fairer. Bei den Männern verteile ich dreimal so viele Karten wie bei den Frauen«, stellte 1999 die FIFA-Schiedsrichterin Elke Fielenbach fest.[1]

Das Einhalten von Regeln gelingt Frauen besser als Männern, denn sie machen schon als Mädchen die Erfahrung, dass Wohlverhalten mit Zuwendung belohnt wird. Männer schimpfen, wenn sie aufgrund ihrer oftmals für den Attackierten sehr schmerzhaften Fouls eine gelbe Karte erhalten, denn im männlichen Wettbewerb gilt, dass der Stärkere siegt. Das haben sie als Jungen oft genug gehört.

Fußball ist für mich eine Erinnerung an Kindheit. Mein Vater saß samstagnachmittags ganz nah an einem Radio, einem dieser schönen alten, noch mit grünem Auge und dezent beleuchtetem Sendersuchband. Später spielte sich dieses Samstagnachmittagsritual vor der Fernsehscheibe ab: Vater saß mal entspannt nach hinten gelehnt, mal aufrecht, fast zum Sprung ansetzend, mal mit geballten Fäusten, die dann auch fast zeitgleich mit dem verschossenen Tor auf die Sessellehne knallten. Ich freute mich, wenn ein Tor geschossen wurde. Ich dachte, alle freuen sich, weil es doch in diesem Spiel um Toreschießen geht. Doch dann lernte ich von meinem Vater, dass man einen Verein hat und zu dem steht man. Schließlich muss der Mensch sich für eine Gruppe entscheiden, sonst kann er nicht deren Höhen und Tiefen miterleben. Diese Nachmittage waren eine gute Möglichkeit, meinen Vater zu beobachten. Die ganze Welt drum herum versank. Gewann Hertha BSC, dann schien die Sonne. Vater pfiff und machte Späße. Wehe aber, Hertha verpatzte das Spiel, dann war es am klügsten, sich eine Weile aufs eigene Bett zu verziehen. Dann war mit ihm, wie er selbst sagte, »nicht gut Kirschen essen!«.

Die passive Fußballleidenschaft ist mir erhalten geblieben.

Auch heute sitzen Kinder mit ihren Eltern vor dem Fernseher, hören die Kommentare der Väter und Mütter zum Spielverlauf und geben wieder, was sie dabei erleben.

»Pah, die haben ja nur gegen Frauen gespielt!«

AM 13. OKTOBER 2003 steige ich morgens in die Straßenbahn. Am Vortag habe ich das Endspiel der Frauenfußballweltmeisterschaft gesehen. Mädchen und Jungen sind auf dem Weg zur Schule. Da springen die Gesprächsfetzen nur so durch die Sitzreihen. Für mich ein Vergnügen, höre ich doch so, worüber sich Mädchen mit Mädchen und Jungen mit Jungen morgens austauschen. An diesem Tag sitzen mir ein neunjähriger Junge und ein zehnjähriges Mädchen gegenüber. Das Mädchen erzählt dem Jungen voller Freude, dass gestern die deutschen Fußballerinnen die Weltmeisterschaft gewonnen haben. Ihn beeindruckt das nicht: »Und, was ist daran so super?«

Sie: »Na, die haben gewonnen!«

Er: »Pah, die haben ja nur gegen Frauen gespielt!«

Ich denke, ich höre nicht richtig, und schalte mich ein: »Sag mal, wie meinst du das?«

Er: »Na ja, das war doch kein richtiges Fußballspiel, nur von Frauen.«

Ich: »Was war daran denn nicht richtig?«

Er: »Wenn nur Frauen spielen, das ist doch kein richtiger Fußball.«

Ich: »Moment, die Spielregeln sind doch die gleichen, egal, ob Männer oder Frauen Fußball spielen.«

Er: »Aber gegen die Bayern hätten die nicht gewonnen.«

Ich: »Das war eine Weltmeisterschaft, und die deutschen Frauen haben in 6 Spielen 25 Tore geschossen.«

Er: »Aber gegen die Bayern hätten sie verloren.«

Das Mädchen sieht jetzt nicht mehr zufrieden, sondern ratlos aus. Sehr bedauerlich. Ich tröste das Mädchen: »Lass dich nicht irritieren. Frauen können genauso gut Fußball spielen wie die Männer, das haben wir gestern Abend doch gesehen.«

Sie: »Stimmt das, dass die Frauen gegen die Männer verlieren würden?«
Ich: »Die Bayern könnten es ja mal drauf ankommen lassen.«
Sie: »War das gestern denn ein richtiges Spiel?«
Er: »Pah, mein Papa hat gar nicht richtig hingeguckt, der hat dauernd das Programm gewechselt.«
Ich: »Und deine Mutter?«
Er: »Die ist doch eine Frau, die interessiert sich nicht für Fußball.«
Ich: »Ich bin auch eine Frau und interessiere mich sehr für Fußball.«
Er: »Mann, Sie nerven, Frauen können nicht Fußball spielen.«
Ich zum Mädchen: »Wer hat denn mit dir das Fußballspiel geguckt?«
Sie: »Na, mein Papa und meine Mama und ich.«
Ich: »Und was sagt dein Vater?«
Sie: »Mein Papa sagt, die sind richtig gut. Und darum habe ich mich auch so gefreut. Und Mama hat gesagt, sie würde auch Fußball spielen, wenn sie noch einmal ein Mädchen wäre. Und Papa hat gesagt: ›Dann mach doch endlich Sport.‹ Da war Mama sauer. Aber ich fand es richtig spannend und Papa auch.«
Er: »Dein Vater hat ja keine Ahnung.«
Gibt es eine Möglichkeit, den Jungen aus seiner Anti-Haltung herauszulocken? Ich versuche es.
Ich zu ihm: »Spielst du Fußball?«
Er: »Nö.«
Ich: »Spielt dein Vater Fußball?«
Er: »Ja, früher, als er so alt war wie ich, da hat er gespielt.«
Ich: »Und heute?«
Er: »Na, da guckt er fern und ich gucke mit.«

Sie: »Aber angeben willst du.«
Er: »Du hast ja keine Ahnung.«
Das Mädchen sieht mich fragend an.
Ich zu ihr: »Lass dich nicht beeindrucken. Die Frauen haben sehr gut gespielt und die Spielregeln sind für Männer- und Frauenfußball die gleichen. Da gibt es kein Geschlecht, da gibt es neutrale Regeln.«
Er: »Glaub ich nicht.«
Ich: »Hier geht es nicht um Glauben, hier geht es um Spielregeln.«
Sie: »Wenn das so ist, haben die Frauen doch wirklich richtig gut gespielt.«
Ich: »Stimmt.«
Er: »Was mischen Sie sich da überhaupt ein?«
Ich: »Weil du über etwas redest, wovon du keine Ahnung hast, und dem Mädchen den Spaß verdirbst.«
Er: »Weiber!!!«
Sie: »Sei doch nicht so gemein.«
Er: »Ist doch wahr, Frauen haben keine Ahnung von Fußball.«
Sie: »Ich finde, du hast keine Ahnung, hat die Frau doch gerade gesagt.«
Er: »Weiber!«
Ich: »Was hast du gegen Frauen?«
Er: »Ich finde das total blöd, dass Sie sich da einmischen.«
Sie: »Ich finde das gut, dass die Frau mit uns redet, und du kriegst sicher nie 'ne Frau mit deinem Getue. Komm, wir müssen aussteigen.«
Er: »Wird ja auch Zeit, hier wegzukommen!«
Und dann beim Aussteigen dreht sich das Mädchen zu mir um und hebt den rechten Daumen in Siegespose. Wir lachen uns an.

Vielleicht fragen Sie sich, weshalb ich mich in dieses Kindergespräch eingemischt habe. Hätte ich mich Ihrer Meinung nach heraushalten sollen? Einmischung in Gespräche ist in Deutschland eher unüblich. Einmischung gilt schnell als Bevormundung, als Eingriff in die Privatsphäre des/der anderen.

Diese beiden Kinder haben am Vorabend ferngesehen und unterhalten sich darüber, so, wie es Kinder oft morgens auf dem Weg zur Schule tun. Das Mädchen hatte durch die Eltern vermittelt bekommen, dass Frauen erfolgreich Fußball spielen, der Junge, dass Frauenfußball minderwertig ist. Hätte ich mich herausgehalten, hätte das Mädchen durch die Reaktion des Jungen einiges an Freude eingebüßt. Das wollte ich verhindern und dies gelang auch. Leider gelang es mir nicht, den Jungen zu überzeugen. Vielleicht aber wird er sich erinnern, vielleicht sogar seinem Vater davon erzählen.

Nachtrag: Am 27. November 2003 erhält die deutsche Frauenfußballnationalmannschaft aus den Händen von Paul Breitner und Uwe Seeler den Bambi 2003. Paul Breitner nimmt kein Blatt vor den Mund. Ausführlich schildert er in der Festrede seine langjährige tiefe Verachtung für Fußball spielende Frauen. Alle Vorurteile breitet er genüsslich vor uns aus. Doch dann, ein Wunder geschieht, erzählt er von seiner Beobachtung als Zuschauer dieser Frauenfußballweltmeisterschaft. Er lobt, er schwärmt. »Mit ihrem Sportgeist«, so die Begründung für die Preisverleihung, »setzten die Spielerinnen neue Maßstäbe für den deutschen Fußball«. Und ergänzt wurde, dass die männlichen Spieler öfter mal den Frauen zuschauen sollten, wenn sie »guten, fairen, von Teamgeist getragenen Fußball sehen wollten«.

Ob dieses Ereignis in der Familie des Jungen aus der Straßenbahn auch wahrgenommen wurde?

So früh schon? – Seit wann Männer und Frauen Fußball spielen

Auch auf den Schulhöfen bietet Fußball Gesprächsstoff: Ablösesummen von Spielern vermitteln Jungen, dass mit diesem Ballspiel schon 19-Jährige in die Sphären der Reichen aufsteigen können. Aus einem Straßenjungen wird ein erfolgreicher Mann ...

Europa- und Weltmeisterschaften wären ein guter Anlass, den Mädchen und Jungen einen Blick in die Vergangenheit zu ermöglichen. Sie könnten dann erfahren, dass die Wertigkeit von Freizeitbeschäftigungen durch politisch-soziale und ökonomische Bedingungen gesteuert werden. Und – spannend für das Thema Geschlechtsrollen – wie veränderlich die Rollenzuschreibung der Frauen dabei sind.

Im 12. Jahrhundert spielten die französischen Bäuerinnen mit einem mit Schleifchen besetzten Lederball »la soule«, eine Art Fußballspiel, wie es auch die Eskimofrauen gespielt haben. Aus dem frühen 18. Jahrhundert wird berichtet, dass Mädchen und Frauen in Schottland bolzten. Wie solch ein Spiel ablief, schildert der Bericht des britischen Historikers David J. Williamson: »Die verheirateten und die unverheirateten Frauen von Kaledonien versammelten sich auf den Hügeln über Inverness für ein einjährlich wiederkehrendes Ritual. Zwei Bäume sind die Torfosten, und in der Mitte des Spielfeldes liegt schon die frisch gefüllte Tierblase bereit. Die beiden Gruppen stehen einander gegenüber – verheiratete Frauen auf der einen Seite und unverheiratete auf der anderen. Wie in jedem Jahr, so ist auch diesmal das Spielfeld von Männern umrundet. Sie sind hierher gekommen, um sich aus dem Team der unverheirateten Ladys eine Braut auszuwählen. Oder aber um ihre Ehefrauen anzufeuern, die vielleicht noch im vergangenen Jahr in den Reihen der Gegnerinnen gestanden haben.«[2]

Offensichtlich waren damals in Schottland sportliche Frauen bei den Männern hoch im Kurs. Und Frauen zeigten Kondition. 1894 wurde der erste Frauenfußballverein der Welt, der »British Lady Football Club«, in London gegründet. Und wie sorgten diese Fußballerinnen dafür, dass nicht nur der Ball, sondern auch der Rubel rollte? Sie reisten wie eine moderne Showgruppe von Stadt zu Stadt und spielten gegen Eintrittsgelder. In England gab es zu dieser Zeit schon lange den Profifußball. Er galt als Spiel des Proletariats und so regte sich erst einmal niemand auf, als auch Frauen über die Fußballfelder stürmten. Aber dann, 1902, war Schluss. Stahlen die Fußballerinnen den Fußballern die Show? Die heute noch bestehende Football Association (FA) verbot den Antritt von Männermannschaften gegen die »Lady Teams«. Daraus können wir schließen, dass vorher sehr wohl Männerteams gegen Frauenteams angetreten sind.

1930 wurde in Frankfurt a. Main der erste Deutsche Damen-Fußballclub (DDFC) gegründet. Doch die Nationalsozialisten hatten eine ganz eigene Vorstellung von dem, wie Frauen sich zu bewegen haben. Sie sollten sich in »weiblichen«, »natürlichen« Bewegungsabläufen üben. Und vor allem ihre Gebärfähigkeit nicht gefährden. Leider half es auch den sportbegeisterten Frauen nicht, dass 1932 die Gesundheitskommission des Internationalen Frauenbundes eine Untersuchung an fast 10 000 Frauen und Mädchen veröffentlichte, die belegte, »daß von einem ungünstigen Einfluß des Sporttreibens auf die Gesundheit der Frauen, auch auf den Geburtsverlauf, keine Rede sein konnte«.[3]

Erst 1957 gab es wieder Frauenfußball in Deutschland. Durch private Geldspenden konnte ein erster internationaler Wettkampf veranstaltet werden, über den der Berliner Tagesspiegel als »Europameisterschaft im Frauenfußball« berichtete.

1970 endlich wurde Frauenfußball vom Deutschen Fußball Bund (DFB) akzeptiert, das Austragen von Meisterschaften war 1974 erstmals möglich. 1976 meldete der Deutsche Fußballbund 216 000 weibliche Mitglieder.

1976 wurde Franz Beckenbauer zum Fußballer des Jahres gewählt. Ein Jahr später wechselte er für 1,75 Millionen DM vom FC-Bayern München zu Cosmos New York. Auch hier ändern sich die Zeiten. Jetzt werden auch Frauen »eingekauft«: In den USA bekommen Spielerinnen fünfstellige Honorare im Monat. Dort ist Fußball längst zum Lieblingssport der Mädchen geworden. Was die Gleichberechtigung angeht, finde ich dies richtig gut. Grundsätzlich aber halte ich es für einen totalen Unsinn, Sportlern oder nun auch Sportlerinnen, Medienstars oder Vorstandsvorsitzenden irgendwo auf der Welt so viel Gehalt zu bezahlen. Aber das ist eine andere Geschichte.

Der Internationale Fußball-Verband (FIFA) entdeckte 1999 die Frauen. Im Sommer des Jahres fand die Frauenfußballweltmeisterschaft in den USA statt. 660 000 Zuschauerinnen und Zuschauer verfolgten die Spiele in ausverkauften Stadien. Auch Präsident Clinton besuchte die Wettkämpfe. Und die FIFA warb mit einer ganzseitigen Zeitungsanzeige:

»What would happen if women ruled the world?« – »Was würde passieren, wenn Frauen die Welt regierten?«

Was passiert, wenn eine Frau zum Fußballidol wird, zeigt die wahre Geschichte der Mia Hamm. Die 1975 geborene Amerikanerin ist ein Star. Schon als 15-Jährige wurde sie in das US-Frauenfußballteam aufgenommen und damit war sie die Jüngste, die bisher in diese Mannschaft (oder Frauschaft) aufgenommen wurde. Für Mädchen ein echtes Vorbild. 1996 sorgte sie bei den Olympischen Spielen in Atlanta – es war die erste Olympiade mit Frauenfußball überhaupt – für die Goldmedaille. Für ihr faires Spiel wurde sie fünf Mal mit dem Titel »Spielerin des Jahres« ausgezeichnet.

Und jetzt kommt der Clou, ich habe mir dies nicht ausgedacht: Gerade mal 25-jährig, wird sie zur käuflichen Mädchenspielfigur. Der amerikanische Spielwarenhersteller Mattel bringt eine Barbie-Puppe nach ihrem Vorbild auf den Markt.

Dieser kurze historische Abriss der Fußballgeschichte zeigt, dass körperliche Betätigung und die Freude an Bewegung geschlechtsneutral sind. Die Möglichkeiten, dies auszuleben, jedoch nicht. Mit Beginn des bürgerlichen Zeitalters, als Frauen vermehrt in die Rolle der Schwachen, Beschützenswerten gedrängt wurden, wurden kraft- und lustvolle Betätigungen für Frauen moralisch sanktioniert.

Ist Sex kein Thema für Fußballspieler?

Schon lange sind erfolgreiche Fußballer Vorbilder für ihr eigenes Geschlecht. Sind sie sich dieser Verantwortung auch bewusst? Der Deutsche Fußballbund (DFB) verbot 1988 eine geplante Aktion, die ich sehr begrüßt hätte. In den 80er- und 90er-Jahren war mein Augenmerk auf die Krankheit Aids gerichtet. So schrieb ich über Frauen und Aids, reiste als Referentin um die Welt und verfolgte die Medienspots der Gesundheitsbehörden verschiedener Länder. Das gewichtige Stichwort war Prävention, also Vorbeugung. Wirkungslos bleiben Verbote und Horrorszenarien, eine Möglichkeit aber ist der persönliche Schutz für Frau und Mann durch Nutzung eines Kondoms.

Der FC Homburg wollte während eines Spieles Trikotwerbung für Kondome der »London Rubber GmbH« tragen. Ein männlicher Beitrag mit der Botschaft: »Seht her, Jungs, Kondome sind o.k. Nicht peinlich, nicht ›out‹, sondern ›in‹. Wir übernehmen Verantwortung, wenn wir Sex haben.« Eine gute Idee. Doch nach Auffassung des DFB, so war's in der Ärzte-Zeitung vom 07.03. 1998 zu lesen, verstieß diese Trikotwerbung gegen – und jetzt kommt's – »im Sport gültige Grundsätze von Ethik und Moral«. Wirklich, so lautete diese Entscheidung.

Mir scheint eher, dass im Fußballstadion Männern ein stressfreier Raum geboten werden soll. Stressfrei zumindest, was Verantwortungsübernahme in der Sexualität (auch für sich selbst) angeht.

Eine Woche vor dieser Entscheidung des DFB war das Exekutivkomitee des Internationalen Fußball-Verbandes mit folgender Meldung an die Presse getreten: Einführung des obligatorischen Schienbeinschutzes für alle FIFA-Wettbewerbe. Und als wesentlicher Grund wurde genannt: »Die Gefahr der Aids-Übertragung bei Verletzungen.«[4]

Mit geschärftem Blick werden Sie verstehen, was hier so widersprüchlich und gleichzeitig folgerichtig ablief:

Die FIFA sorgt sich um ihre Spieler. Eine Krankheit, an der schon viel zu viele Männer gestorben sind, macht auch vor dem Fußball nicht Halt. Es könnte sich der eine oder andere schon infiziert haben, ohne es selbst zu wissen. Daran ist nichts zu ändern, aber die nicht Infizierten bekommen doch Angst. Also wird pragmatisch gehandelt: Männerfußball bringt Männerwaden zum Bluten. Aids kann über Blut übertragen werden. Schützen wir die Waden, kann es nicht bluten ... Passiver Schutz ja, aktive Verantwortung nein. Fußballspieler sind Idole der Jungen und haben so auch eine Verantwortung zu tragen. Kondomwerbung auf Spielertrikots hätte in den 80er-Jahren einen sehr sportlichen Beitrag zur Aufklärung junger Männer leisten können – und könnte dies auch heute noch.

Von Spielern und Zuschauern

Dass es hart auf Fußballplätzen zugeht, ist heute normal. Die Funktionäre haben die Fans nicht mehr im Griff, die Spieler allerdings auch nicht. Da wird auf dem Spielfeld gedroht, gebrüllt, geprügelt. Die Schiedsrichter entscheiden grundsätzlich falsch, so die schnellen Stellungnahmen von Trainern. Wenn die Fernsehkamera über die Zuschauerreihen schwenkt, bietet sie uns eine Einsicht in männliche Rauschzustände. Wenn dann nach Spielschluss Männerhor-

den prügelnd durch die Straßen ziehen, Schaufensterscheiben einwerfen, Autos demolieren, Menschen verletzen, verstehen die Fußball-Funktionäre die Welt nicht mehr; sagen sie zumindest.
Als Frau frage ich mich: Was geht in diesen Männern vor?
Welches Druckventil wird da geöffnet?
»Die Urhorde mit den Trainern als Medizinmännern, den Mannschaftsmitgliedern als Elitekriegern und den Fans als Fußvolk, Chören und Kampfverbänden«, so beschreibt Dietrich Schwanitz die »Fußballhooligans als Stammeskrieger«.[5] Der Fußballplatz bietet Männern also eine Arena, die sie ansonsten in kriegsfreien Zeiten nicht haben.

Die Titelblätter der Tageszeitungen bringen Oliver Kahn mit der Ausstrahlung eines wilden Tieres. Was in diesem Umfeld so alles an Liebschaften, Ehekriegen und Abfindungen mitzuverfolgen ist, scheint Dokumentationswert zu haben. Jungen, die mit großer Anteilnahme »ihre« Stars beobachten, sehen also: Mein Vorbild (und Oliver Kahn wird von Grundschuljungen häufig als selbiges bezeichnet) tobt und hat eine Freundin und hat viel Geld und noch eine Freundin und dann tobt er wieder. Wenn ich Jungen frage: »Was gefällt dir an deinem Lieblingsfußballer besonders?«, dann wird mir geantwortet: »Der ist der Größte, der kann sich alles leisten!«
Doch es gibt auch andere Bilder, so z.B. beim Europameisterschaftsspiel Holland gegen Schweden am 26. Juni 2004: Die Kamera schwenkt über die Zuschauertribünen und verharrt bei einer jungen Frau: In ihrem Arm ein etwa sechsmonatiges Kind, das mit weit geöffneten Augen den Geschehnissen um es herum folgt. Zufrieden wirkt es mit

einem Schnuller im Mund. Die Ohren sind durch große Kopfhörer geschützt. Die Mutter hat eine lebensnahe Lösung für sich und das Kind gefunden: Sie kann im Stadion das Spiel verfolgen, ihr Kind ist gut versorgt.

Und am Ende dieses spannenden Spielverlaufs jubeln mit den holländischen Spielern auch deren Kinder. Erst nimmt der Torwart Van der Sar seinen kleinen Sohn auf den Arm, dann holen andere Spieler ihre Kinder auf den Rasen. Aus Fußballern werden Väter mit Söhnen und Töchtern, Menschen, die vor laufender Kamera ihre Freude mit den eigenen Kindern teilen.

Heute erlaubt und morgen verboten

Am Beispiel Fußball sehen Sie alle Fassetten des Lebens: Das Individuum will spielen, schließt sich zur Gruppe zusammen. Sie sehen, dass es Zeiten gab, in denen beiden Geschlechtern dieses Spiel zugänglich war. Lange Zeit sogar. Mädchen lernten Fußball spielen, hatten Fußball spielende Mütter, Schwestern, Tanten. Und die Ehemänner, Brautwerber, Söhne und Brüder sahen ihnen beim Spielen zu, feuerten sie an und spielten mit. Körperlichkeit, Kraft und Ausgelassenheit war Mädchen und Frauen noch gestattet. Doch irgendwann sagten die Männer zu den Frauen: »Das gehört sich nicht für ein weibliches Wesen.«

Was war geschehen, dass Frauen plötzlich aus dieser Freizeitbeschäftigung herausgekickt werden mussten?

Zwei Gründe, die sich ergänzen, spielen hierbei eine vielleicht entscheidende Rolle:

Aus einer spielerischen Körperertüchtigung wurde ein

Gewerbe. Der Profifußball entstand und somit begann der Tanz ums Goldene Kalb. Also sollten die Einnahmen unter Männern verteilt werden.

Der andere Grund: Das Bild der Frau, so wie Männer es wollten, veränderte sich. Die Frauen waren ihnen zu nah gekommen, zu ähnlich geworden. Sie wollten wählen, studieren, berufstätig sein. Weibliche Konkurrenz – ein Angstauslöser für viele Männer. Frauen sollen hübsch aussehen, sich »weiblich« bewegen und eine Augenweide für Männeraugen sein.

Auch heute noch werden Sport treibende Frauen in der Medienberichterstattung zum öffentlichen Objekt der Begierde. Ich traue meinen Ohren nicht, als ein Sportreporter des Bayerischen Rundfunks am 16. Juli 2000 (BR II) als Abschluss seines Berichtes über einen Strandballwettkampf über »athletische Frauenkörper« spricht. Er sagt doch tatsächlich, dass diese Sportart an sich nicht sehr interessant sei, die Männer mehr auf die Attraktivität der Frauen achten. Und dann fährt er fort: »So hat der Verband die Höchstgrenze für Höschen festgesetzt, denn der Sport lebt von der weiblichen Ästhetik.« Die Kleiderordnung schreibt vor, dass die »Höschen« sehr knapp gehalten sein müssen.

Solange Journalisten weibliche Körper statt den Spielverlauf beschreiben, haben es Mädchen und Frauen schwer, sich mit ihrem sportlichen Können durchzusetzen.

Dabei bringen sie gerade auch für das Fußballspiel wesentliche Voraussetzungen mit, bestätigt ein erfahrener Mädchenfußballtrainer: »Sie sind geschickter, beweglicher und flexibler. Sie spielen weniger körperbetont, dafür aber sehr sensibel und situationsangepasst. Bei ihnen sieht man seltener aggressives Verhalten, dafür arbeiten sie gerne kooperativ und lernen schneller, intensiver und ausdauernder. Ihr Motto heißt: mehr miteinander als gegeneinander!«[6]

Vielleicht kehren irgendwann einmal die paradiesischen Zustände zurück, in denen Männer und Frauen miteinander im Team spielten – nicht nur im Fußball, sondern auf allen Spielfeldern des Lebens. Für den Sport jedenfalls können gute Vorsätze vermerkt werden, denn der deutsche Sportbund (DSB) entschied auf seiner Präsidiumssitzung am 7. März 2003: »Der Deutsche Sportbund setzt sich mit gezielter Frauenförderung und der Strategie des Gender Mainstreaming für die Gleichstellung der Geschlechter im Sport ein. Das Präsidium des Deutschen Sportbundes beschließt, die Strategie des Gender Mainstreaming zur Handlungsleitlinie der Arbeit des DSB zu machen.« So steht es im Protokoll der 89. Präsidiumssitzung.

Und zum Abschluss dieses Kapitels noch eine Geschichte aus dem Männerleben: Ein Freund erzählt mir, dass in der »Schwalbe«, einem alten Gasthaus im Münchner Westend, kleine Fußballtore die Urinale schmücken. Das will ich sehen und wirklich: Kleine grüne Siebe sind dort in jedem Urinal angebracht, auf denen ein roter Ball liegt. Wenn der Mann seinen Urinstrahl auf den Ball richtet, verfärbt dieser sich, bis er weiß wird und ins Tor geht. Der Wirt erklärt mir Sinn und Zweck dieser Installation: Seit er zu diesem »Hilfsmittel« gegriffen hat, sind die Böden sauber. Statt irgendwohin, zielen die Männer nun in das hierfür vorgesehene Becken. Die Putzfrau ist begeistert.

Auf einen Blick

Die Wertigkeit von sportlicher Betätigung der Geschlechter wird durch politisch-soziale und ökonomische Bedingungen gesteuert. Aus Steuergeldern finanzierte Sportanlagen gehören beiden Geschlechtern gemeinsam. Die rigide Festlegung auf typisch weibliche Bewegungsabläufe verhindert eine Beteiligung von Mädchen und Frauen in allen Sportarten. In der Medienberichterstattung fehlt es an geschlechtsneutraler Berichterstattung, vielen Männern und Jungen mangelt es an Respekt vor Frauen im Sport.

Gender Mainstreaming heißt in diesem Zusammenhang auf institutioneller Ebene zum Beispiel:
- Beiden Geschlechtern werden die gleichen Nutzungszeiten von Sportanlagen, die gleichen finanziellen Ressourcen zur Verfügung gestellt.
- Freizeitangebote für ältere Frauen (z.B. Schwimmbäder) werden finanziell abgesichert, öffentliche Verkehrsmöglichkeiten, die auch die Anfahrt in winterlicher Dunkelheit angstfrei ermöglichen, eingeplant.
- Medien werden auf eine geschlechtergerechte Ausgewogenheit von Text- und Bildumfang in der Sportberichterstattung hin analysiert.

Im Alltagsleben bedeutet Gender Mainstreaming in diesem Zusammenhang zum Beispiel:
- Mädchen werden darin unterstützt, kraftvolle Sportarten auszuprobieren, und Jungen wird die Freude am Ballett nicht durch abwertende Äußerungen verdorben.
- In der Medienberichterstattung, der Presse- und Öffentlichkeitsarbeit wird über sportliche Wettbewerbe beider Geschlechter frei von herabsetzenden Stereotypen berichtet.

Praxisideen:
- Lesen Sie die Sportseiten Ihrer Tageszeitung. Wie viel Text wird den männlichen, den weiblichen Aktivitäten zugestanden?
- Wie werden Sportler, wie Sportlerinnen fotografiert?
- Sind die Berichterstattungen inhaltlich oder klischeehaft?
- Beteiligen Sie Kinder an Ihrer Analysetätigkeit. Wie einfach dies geht, können Sie an verschiedenen Stellen dieses Buches nachlesen.
- Achten Sie darauf, dass Mädchen Kleidung und Schuhe tragen, in denen sie rennen, springen und klettern können.

Leben und arbeiten – ein Überlebensspagat

Wenn wir uns mit dem Aufwachsen von Mädchen und Jungen, der Lebensrealität von Frauen und Männern im 21. Jahrhundert beschäftigen, wenn wir uns Gedanken darüber machen, welche Zukunftschancen beide Geschlechter bekommen sollen – dann müssen wir uns auch mit einem Lebensbereich befassen, der ständigen Konfliktstoff in Liebesbeziehungen und Familienabläufen bietet: der Berufstätigkeit.

»Work-Life-Balance«

Welchen Stellenwert hat der Arbeitsalltag in Ihrem Lebenskonzept? Viele von uns Erwachsenen verbringen mehr Zeit am Arbeitsplatz als in den eigenen vier Wänden. Weite Wege müssen wir auf uns nehmen und wenn wir es im Leben »zu etwas bringen wollen«, dann müssen wir Persönliches zurückstecken.

Wie viel Energie bleibt dann noch fürs Privatleben, für den Aufbau und Erhalt einer Liebesbeziehung? Wie viel Kraft und Aufmerksamkeit bringen Mütter und Väter nach langen Arbeitstagen noch für die Kinder auf? Der ständige Spagat zwischen diesen beiden Welten wirkt sich aus: »Konflikte zwischen der Arbeit und dem Privatbereich belasten die Mitarbeiter und die Unternehmen gleichermaßen. Sie beeinträchtigen die Arbeitszufriedenheit, Gesundheit und Produktivität der Beschäftigten und gefährden damit auch den Unternehmenserfolg«, stellen Wissenschaftler fest, die Fehlzeiten am Arbeitsplatz analysiert haben.[1]

Arbeitsunzufriedenheit gefährdet die Gesundheit, schafft emotionale und körperliche Spannungen. Für Kinder wird nur selten nachvollziehbar, weshalb Mütter und Väter zur Arbeit gehen. Sie hören, dass »jemand das Geld verdienen muss«, sie erleben, dass Eltern abends zu müde und angespannt sind, um ihnen mit Lachen, Geduld und Interesse zu begegnen. Wenn ein Kind erkrankt, muss ein Elternteil vom Arbeitsplatz fernbleiben und sich oft genug die Vorwürfe von Arbeitgebern, Kollegen und Kolleginnen anhören. Auch das bekommen die Kinder mit und fühlen sich schuldig. Die Vereinbarkeit von Beruf und Familienleben geht meist auf Kosten der weiblichen Berufstätigkeit. Mütter, nicht Väter betreuen das erkrankte Kind.

Arbeit ist die Welt der Erwachsenen, Kinder kommen darin nicht vor. »Ich will Arbeit und Privatleben getrennt halten«, erklärt z.B. ein Vater, und eine Mutter meint: »Kinder verstehen den Arbeitsstress doch sowieso nicht ...!«

Kinder werden unterschätzt, sie spüren den Stress der Eltern. Sie leiden unter der elterlichen Sprachlosigkeit, die nur eins sicher vermittelt: Arbeit ist schrecklich anstrengend, es gibt viele Konflikte und sie kann kein Vergnügen bereiten.

Schlechte Karten für die Zukunftsvisionen von Kindern! Selten überdenken Erwachsene, welche unausgesprochenen Botschaften sie Kindern und Jugendlichen zum Thema Arbeit mit auf den Weg geben.

Besonders in Deutschland beschwören Politiker immer noch die glückliche Familie herauf. Ihre Reden wirken auf mich wie Kinderbüchern des 19. Jahrhunderts entnommen.

Und diese zuckersüßen Familienbeschreibungen – die nie der Realität der Familiensituationen entsprach – belasten selbst junge Erwachsene schon, bevor sie sich überhaupt dazu entschließen können, selbst Kinder in die Welt zu setzen.

Es macht also Sinn, folgende Fragen zu beantworten:

- Sind Sie der Meinung, dass Mütter berufstätig sein können oder gar sollen?
- Finden Sie, dass ein Kind auf das »Rundum-Sorglos-Paket Mutter« ein Anrecht hat?
- Sind Sie der Meinung, dass die Karriere eines Mannes Vorrang vor der Karriere einer Frau hat?
- Glauben Sie, dass ein Mann, der Erziehungsurlaub in Anspruch nimmt oder seiner Frau auf dem Karriereweg den Vorrang lässt, nichts mehr wert ist?
- Wenn Sie selbst nicht für Kinder zuständig sind, sind Sie als Kollege, Kollegin bereit, Müttern und Vätern familienfreundliche Arbeitszeiten zuzugestehen?

Im europäischen Vergleich, so ergab eine Arbeitskräfteerhebung für das Jahr 2000, »werden Deutschland relativ lange Arbeitszeiten für Vollbeschäftigte bescheinigt. Männer arbeiten mit 41,8 und Frauen mit 39,8 Stunden pro Woche länger als in den meisten anderen Staaten.«[2] Die Teilzeitquote der Frauenerwerbsarbeit lag im Jahr 2001 mit 33,9 Prozent leicht über dem europäischen Durchschnitt. Männer in Deutschland arbeiten zu 4,8 Prozent in Teilzeitbeschäftigungen.

Wenn Frauen Mütter geworden sind, dann haben sie weniger Chancen auf eine eigene Berufskarriere: Sowohl bei der Beschäftigungsquote von Müttern in Paarhaushalten als auch von Alleinerziehenden wird ein Rückstand gegenüber den anderen europäischen Staaten sichtbar: Frauen ohne Kinder arbeiten in Deutschland zu 67,3 Prozent, Mütter in Paarhaushalten zu 51,4 Prozent und alleinerziehende Mütter zu 49,7 Prozent.

Das Dilemma »Kinder oder Beruf« zeigen die Zahlen der Beschäftigungsquoten für Mütter mit Hochschulabschluss auf: die Beschäftigungsquote von Akademikerinnen zählt mit etwas über 62 Prozent (1999) zu den niedrigsten im europäischen Länderspektrum.

In keinem anderen europäischen Land ist der Anteil der Haushalte, in denen die Männer ausschließlich erwerbstätig sind, mit 52 Prozent so hoch wie in Deutschland.[3]

Diese einseitige Belastung für Männer ist jedoch nicht geplant, denn nur 5 Prozent dieser Rollenaufteilung ist von den Paaren auch gewünscht.

Haben Männer, wenn sie Väter geworden sind, mit dieser Form der »Arbeitsteilung« keinen Konflikt? Ist es ihnen recht, wenn die Partnerinnen die gemeinsamen Kinder fast allein betreuen und im Aufwachsen begleiten? Meine Gespräche mit Vätern ergeben, dass sie unter ihrer familiären Abwesenheit leiden, dieses Defizit aber als *persönlichen* Konflikt sehen. »Was schlagen Sie vor, ich kann doch nicht einfach fordern, zur Abendbrotzeit am Familientisch zu sitzen.«

Spüren Sie diesen Widerspruch? Politikerreden über glückliche Familien nützen dem berufstätigen Mann im wirklichen Leben überhaupt nichts!

Wassilios E. Fthenakis und Martin R. Textor gingen der Frage nach, weshalb so wenig über die Konflikte von Vätern zwischen Beruf und Familie geforscht wird. Folgende Gründe trugen die Forscher zusammen: »Männer meinen häufig, dass es ›unmännlich‹ sei, über diesen Konflikt zu sprechen. In der Folge verheimlichen sie ihn oft – aus Angst, dem ›Mythos der Männlichkeit‹ zu schaden; Männer berichten, dass ihr Engagement für die Firma infrage gestellt wird, wenn sie ihre Verpflichtungen gegenüber ihrer Familie erwähnen.« Auffallend sei die Ignoranz der Medien, die ausführlich über die erwerbstätigen Mütter, aber nicht über den erwerbstätigen Vater berichten. Das verhindere, dass Männer sich mit ihrem Arbeitszeitproblem verstanden fühlen. Und als weiterer Aspekt wird die »Untätigkeit vieler akademischer Forscher« benannt. »Ein Grund für die Schräglage in der akademischen Literatur ist die von vielen Wissenschaftlern gemachte Vorannahme, dass Väter eine Population sind, die schwieriger zu erreichen und zu untersuchen ist als diejenige der Mütter.«[4]

Weshalb dies so schwierig sein soll, leuchtet mir nicht ein. Jeder Betrieb könnte sofort eine Befragung der Mitarbeiter, die Väter sind, durchführen.

Wird es den kleinen Jungen später ebenso ergehen wie ihren Vätern, Großvätern? Werden auch sie zu wenig Zeit für eigene Kinder haben?

Wird es den kleinen Mädchen später ebenso ergehen wie ihren Müttern und Großmütter? Werden auch sie überwiegend allein für Haushalt und Kindererziehung zuständig sein und eigene berufliche Ziele zurückstecken müssen?

Sich erinnern: Was ich einmal werden wollte

Können Sie sich noch daran erinnern, was Sie als Mädchen, als Junge für einen Beruf erlernen wollten? Hatten Sie für diese Fantasie reale Vorbilder? Gab es Berufe, die Ihnen empfohlen oder von denen Ihnen abgeraten wurde? Hatten Sie als Mädchen, als Junge einen direkten Zugang zum Beruf Ihrer Eltern?

Um Erwachsene für die Idee zu gewinnen, mit Kindern Projekte zum Thema Berufswelten durchzuführen (weiter hinten in diesem Kapitel wird darüber berichtet), entwickelte ich einen kurzen Fragebogen. Nur wenige Fragen, um die Beantwortung ohne großen Zeitaufwand möglich zu machen. Dieser Fragebogen wurde in städtischen Kindertageseinrichtungen in München an Personal und Eltern verteilt. Auch in meinem privaten Umfeld machte dieser Fragebogen seine Runde, Antworten kamen daraufhin aus mehreren Städten.
Selbstverständlich war die Teilnahme freiwillig und der Fragebogen anonym.

Folgende Fragen helfen, sich dem Thema zu nähern:

Können Sie sich noch erinnern an ...
- Ihren Traumberuf im Kindergartenalter
- Ihren Traumberuf im Alter von 10 bis 12 Jahren
- Fand eine Berufsberatung statt? Wenn ja, durch wen: Mutter, Vater, Schule, Arbeitsamt?
- Welcher Beruf wurde Ihnen empfohlen?
- Welchen Beruf üben Sie heute aus?
- Gibt es einen heutigen Traumberuf?

- Versuchen Sie sich zu erinnern: Gab es in Ihrer persönlichen Umgebung eine berufstätige Person, der Sie nacheifern wollten?
- Oder wollten Sie einen Beruf ausprobieren, von dem Sie nur gehört haben?

Begonnen habe ich mit dieser Befragung im Jahr 2001 und noch heute bekomme ich sporadisch ausgefüllte Fragebögen zugeschickt. Mittlerweile sind es mehr als 550 ausgewertete Antworten. Hier einige Ergebnisse der Auswertung, vielleicht finden Sie sich wieder:

In den frühesten Erinnerungen taucht bei Mädchen die »Prinzessin« und bei den Jungen der »Polizist« auf. Wie dem Kasperletheater entsprungen.

Im Grundschulalter werden bei Frauen dann überwiegend so genannt typisch weibliche Betätigungsfelder wie »etwas mit Kindern«, »Mutter«, »Lehrerin«, »Ärztin«, »etwas mit Tieren« erinnert.

Bei den Männern kommen der »Feuerwehrmann«, »Rennfahrer«, »Fußballprofi« und der »Pilot« als Berufswunsch am häufigsten vor.

All diese Berufswünsche wurden von Erwachsenen erinnert, die heute zwischen 20 und 60 Jahre alt sind.

Die Vorstellungen werden emotional begründet: Die Mädchen wollen etwas »Gutes« tun und die Jungen wollten »Aktion«. Was für ein Gegensatz.

Mütter, Väter und die Schule hielten sich mit aufmunternden Visionen zurück und das Arbeitsamt wollte zu oft den Jugendlichen einen praktischen, überschaubaren Beruf schmackhaft machen. Individualität und Begabung spielten eine untergeordnete Rolle.

Häufig werden als Empfehlungen der Eltern eine »sichere Beamtenlaufbahn« oder ein »ordentlicher Angestelltenweg« erinnert, ganz besonders von den Töchtern.

Bei der Auswertung der Frauenantworten stieß ich auf einen Beleg für die sehr unterschiedliche Mädchensozialisation in West- und Ostdeutschland. In Gesprächen mit Frauen, die in der DDR aufgewachsen sind, erfuhr ich viele kleine Details der Mädchenerziehung »drüben«. Ich traf auf kluge, lebensnah denkende und tatkräftige Frauen. Und beim Auswerten der Unterlagen stolperte ich öfter mal über den Berufswunsch »Astronautin« oder »Traktorfahrerin« oder »Ingenieurin«, und da auch die Berufsbezeichnung der Mutter nicht in das westdeutsche weibliche Berufsspektrum passt, wird klar, dass die Absenderin des Fragebogens eine andere Sozialisation durchlaufen hatte als die Gleichaltrige im Westen.

Erschreckend häufig wird besonders von Frauen, die einen klassisch weiblichen Beruf erlernt haben (Kinderpflegerin, Erzieherin, Krankenschwester, Arzthelferin) festgestellt, dass ihr Traumberuf ein anderer ist. Doch ganz aus dem erlernten Beruf wollen sie nicht heraus. Gewünscht wird eine Weiterqualifizierung, »um mehr zu verdienen und eigenständiger arbeiten zu können«.

Überraschend war die Häufigkeit der Berufsumsteiger bei Männern, die in pädagogischen Aufgabenfeldern tätig sind. Sie hatten erst einen typisch männlichen Beruf erlernt und, »weil ich einen Sinn in der Arbeit sehen wollte«, sich zum Kinderpfleger oder Erzieher umschulen lassen. In diesen Fällen ist die Arbeitszufriedenheit groß, wird allerdings auch ein »Aufstieg« gewünscht.

Glücklich die, die ihren Traumberuf gefunden haben. Die Wahrscheinlichkeit für eine Berufszufriedenheit wächst mit der Möglichkeit der Verwirklichung eigener Vorstellungen und der Erfahrung, dass die individuelle Begabung ausgelebt werden kann. Nach Begabungen aber wurde in den Berufsberatungen, wie gesagt, selten gefragt.

Realität oder Wunschtraum?

Weshalb nehmen Frauen eine qualifizierte Ausbildung auf sich, wenn sie nach dem Abschluss eine so geringe Auswahl an interessanten, verantwortungsvollen Arbeitsplätzen zur Verfügung haben? Wäre es angesichts der deprimierenden Zustände nicht realitätsnäher, Mädchen auf eine Rolle als Mutter und Hausfrau vorzubereiten? Hier wird sichtbar, wie wichtig Gender Mainstreaming für den Bereich Bildung ist.

Im Oktober 1992 erscheint in einer Wochenendausgabe der *Süddeutschen Zeitung* eine halbseitige Anzeige von Mercedes-Benz. Große Überschrift: »Als Kind spielte sie mit Autos, heute spielt sie auch mit Puppen.« Abgebildet ist eine blonde, elegante Frau Anfang Dreißig mit weißem Kittel über schlichtem Pullover. Sie hantierte an einer lebensgroßen Crashtestpuppe. Die Bildunterschrift lautet: »Bei uns gibt es natürlich noch mehr zum Spielen.«
Vorgestellt wird eine Ingenieurin, die seit vielen Jahren im Bereich der Sicherheitsforschung für die Firma arbeitet. Beklagt wird im Anzeigentext, dass es so schwer sei, Frauen für diesen Beruf zu gewinnen. Und fast liest es sich wie ein Heraufbeschwören einer neuen Sicht der Geschlechter, wenn dort steht:

»Heutzutage sollte sich niemand mehr irgendwelche Rollen aufzwingen lassen. Schließlich sind die Zeiten, in denen Mädchen nur mit Puppen und Jungen nur mit Autos spielen, lange vorbei. Ganz im Sinne der zwanglosen Rollenfreiheit findet man Frauen heute in allen möglichen Berufen. Beispielsweise als Pilotin, als Atomphysikerin oder sogar als Tiefseetaucherin. Nur als Automobil-Ingenieurin viel zu selten.« Und am Ende dieser Anzeige heißt es: »Wir können nicht oft genug betonen, dass es uns völlig egal ist, ob Sie als Baby bevorzugt rosa oder hellblaue Kleidung getragen haben. Hauptsache, Sie sind gut.«

Wenn dies die ehrliche Überzeugung von Arbeitgebern wäre, gäbe es bedeutend mehr sichtbare Frauen in allen anspruchsvollen Arbeitsbereichen.

Auch die Werbebotschaften, die Männer im Arbeitsalltag zeigen, entsprechen selten der Realität. Vor einiger Zeit dokumentierte eine ganzseitige Chevrolet-Werbung den Arbeitstag eines Mannes. Für alle männlichen Leser gebe ich diesen Anzeigentext wieder. So muss Ihr Arbeitstag aussehen, wenn Sie als Mann auf der beruflichen Karriereleiter vorangekommen sind:

8.30 Uhr: Kinder in die Schule bringen (Abbildung: Mann – Mitte Dreißig – im Anzug, in einer Hand einen Aktenkoffer, auf dem anderen Arm trägt er einen ca. dreijährigen Jungen, zwei weitere, größere Jungen laufen neben ihm).

9.15 Uhr: Projektmodell abgeholt (Abbildung: Zwei Männer und eine Frau betrachten lachend ein Papiergebilde).

11.30 Uhr: Meeting auf der Baustelle (Abbildung: Rückenansicht von zwei Männern im Gespräch vor dem Rohbau eines Hochhauses).

13.00 Uhr: Lunch bei »Mario« (Abbildung: Ein freundlicher Kellner beugt sich zu einem Mann und einer Frau hinunter, die eine Speisekarte betrachten).

15:30 Uhr: Präsentation bei der Bank (Abbildung: Unser Mann steht hemdsärmelig, mit aufgestützten Händen im Gespräch mit zwei Männern und zwei Frauen).

17.45 Uhr: Kundenteam zum Bahnhof gebracht (Abbildung: Frau und Mann mit Koffern auf Kofferwagen).

19:30 Uhr: Mit Charlotte ins Theater (Abbildung: Er im Frack wird umarmt von strahlend lächelnder Frau im kleinen rückenfreien Schwarzen).

Der Text in der Innenseite der Anzeige lautet: »Ein ganz normaler Tag steckt voller Herausforderungen. Wie gut, wenn man alles mit dem vielseitigen und zuverlässigen (Auto) erledigen kann.«

Zuverlässig sind nicht die Fahrzeuge, sondern die Partnerinnen, die ihren Ehemännern den Rücken freihalten.

Eine Befragung von männlichen Führungskräften ergab, dass über 90 Prozent verheiratet sind oder in einer festen Partnerschaft leben: »Es ist zu vermuten, dass viele Manager gerade deshalb so erfolgreich geworden sind, weil sie auf das Fundament einer Partnerschaft und somit auf emotionalen und faktischen Halt zurückgreifen können. Häufig wird die Karriereentwicklung eines Partners, in der Regel der Frau, zugunsten des anderen zurückgestellt und ein Großteil der persönlichen Energie in die Unterstützung des Partners investiert.«[5]

Den Wunschträumen nach erfülltem Berufsleben stehen also unerfreuliche Realitäten im Wege. Der Frau, weil sie die angestrebten Jobs nicht bekommt, dem Mann, weil er nur erfolgreich sein kann, wenn er eine Partnerin an der Seite hat, die ihm die Alltagsversorgung und die Betreuung des Nachwuchses abnimmt. Soll so auch die Zukunft der heutigen Kinder und Jugendlichen aussehen?

Kfz-Mechaniker trifft Bürokauffrau

In Zeiten wie diesen, wo Jugendliche nach dem Schulabschluss ohne Ausbildungsplatz in ein Nichts stürzen, ist es fast makaber, über Berufsperspektiven zu fantasieren. Geben wir die Zuversicht nicht auf, dass ein Hoffnungsstreifen am Horizont auftaucht, und sehen wir uns an, für welche Berufe sich die männlichen und weiblichen Jugendlichen heute entscheiden.

Hat sich Wesentliches geändert in den letzten Jahrzehnten? Erlernen Mädchen und Jungen heute andere Berufe als vor 30 Jahren? Welche Schulbildung erhalten Mädchen heute, wird in ihre Ausbildung investiert? Nach welchen Entscheidungskriterien wählen sie aus und wer rät ihnen?

Haben männliche Jugendliche wirklich die freie Wahl, solange viele Berufe als unmännlich gelten?

Zur Erinnerung: Erst 1976 wurde in Deutschland durch die Reform des Ehe- und Familienrechtes das Leitbild der »Hausfrauenehe« als vorherrschende Familienform relativiert. Bis zu diesem Zeitpunkt wurde die Erwerbstätigkeit dem Mann und die Haushaltsführung der Frau zugeordnet. Erst so kurze Zeit ist es vom Gesetzgeber vorgesehen, dass das Ehepaar »partnerschaftlich und im gegenseitigen Einvernehmen« selbst bestimmt, wie Haushalt und Beruf miteinander vereinbar ist.

Wie haben Ihre Eltern dieses Problem gelöst? Gab es Auseinandersetzungen zwischen Mutter und Vater, weil die Mutter einer eigenen Erwerbstätigkeit nachgehen wollte?

Wie immer im Leben klaffen Gesetze und Realität weit auseinander. So auch bei der »Hausfrauenehe«. Denn Frauen mussten immer mitarbeiten. Die deutsche Volks- und Berufszählung von 1950 zeigt: Rund 8 Millionen Frauen waren erwerbstätig, also fast ein Drittel der weiblichen Bevölkerung. Von dieser Gruppe waren 2,8 Millionen Frauen verheiratet und 2 Millionen auch Mütter. Der überwiegende Anteil berufstätiger Frauen, rund 5 Millionen von ihnen, arbeitete in abhängiger Stellung als Arbeiterin, Angestellte oder Beamtin; dass dabei die Arbeiterinnen die stärkste – und am schlechtesten bezahlte – Gruppe war, ist klar. Immerhin, es gab 1950 bereits 126 000 Unternehmerinnen.[6]

Nicht nur die ökonomische Notsituation war für Frauen entscheidend dafür, einen Beruf ausüben zu wollen. Ein weiterer Gesichtspunkt, der auch heute für junge Frauen bedeutsam ist, sei hier benannt. Berufstätigkeit einer Frau bietet »den Vorteil innerer Freiheit und Wahrhaftigkeit. Sie, die diesen Beruf ergreifen kann, braucht nicht um jeden Preis zu heiraten. Sie ist infolgedessen nicht gezwungen zu gefallen und kann im Leben unbekümmert um das Urteil ihrer Umwelt in verantwortungsvoller Selbstbestimmung ihren Weg gehen«. Diese Feststellung stammt aus der Feder der Wirtschaftswissenschaftlerin Charlotte von Reichenau aus dem Jahr 1930.[7]

55 Jahre später – 1985 – wurde Mädchen der Weg in die qualifizierte und damit länger andauernde Bildung zunehmend von den Eltern ermöglicht: Ihr Anteil betrug 53,1 Prozent der Realschulklassen und in den Gymnasien teilten sich Jungen und Mädchen die Plätze zu jeweils 50 Prozent.

Und trotzdem entschieden sich Mädchen überwiegend für Berufe, die unter den Begriffen »helfen«, »assistieren«, »dienen« zusammengefasst werden können, denn 55 Prozent der jungen Frauen in Deutschland wählten 1988 Berufe im Dienstleistungsbereich. Das Institut der deutschen Wirtschaft gab bekannt: Am beliebtesten war die Friseuse, gefolgt von der Fachverkäuferin, der Arzthelferin, Industriekauffrau, Kauffrau im Einzelhandel, Verkäuferin, Zahnarzthelferin, Bankkauffrau.

Diese Berufswahlhäufigkeit hat sich bis heute kaum geändert. Sind diese Lehr- und Ausbildungsberufe wirklich »Lieblingsberufe« von Mädchen oder folgen sie den Berufsberatungen von Eltern, Lehrkräften und Arbeitsamt?

Formal gesehen, können Mädchen heute alle Berufe erlernen (bis auf Tätigkeiten im Bergbau).

Liegt es an den Müttern und Vätern, die ihre Töchter dort nicht sehen wollen? Oft genug hörte ich von Vätern den Satz: »Na, hören Sie mal, meine Tochter ist doch kein Mannweib!«

Liegt es an den Mädchen selbst, weil sie es sich nicht zutrauen? »Ich weiß nicht, so viele Jungen um mich herum, da fühle ich mich nicht wohl!«

Liegt es an den Ausbildern, die keine Mädchen in die männlichen Umfelder aufnehmen wollen? »Dann müssten wir sanitäre Anlagen für Frauen bauen, das rechnet sich nicht!«

Die Bundesregierung startete in den 80er-Jahren einen Modellversuch. Ziel war die »Öffnung der bisher von jungen Frauen nicht ausreichend genutzten gewerblich-technischen Berufe«. Ganz langsam getrauten sich Mädchen in diese männlichen Domänen hinein. Zu Beginn des 21. Jahrhunderts entschieden sich für einen Beruf in der Metall- und Maschinenindustrie 13 919 männliche und 523 weibliche Jugendliche. In technische Berufe gingen 2126 Jungen und 760 Mädchen.[8]

Es sind nicht die Berufe an sich, die Mädchen davon abhalten, entscheidend ist vielmehr der menschliche Umgang: Viele in Männerdomänen arbeitende Frauen leiden unter sexistischem Mobbing. Die Frauen können sich dem nur durch Entfernung entziehen. Wenn die Kollegen zusammenhalten, wird eine einzelne Frau innerhalb kurzer Zeit ihr ganzes Selbstwertgefühl einbüßen.

Anlässlich des Internationalen Frauentages am 8. März 2004 teilte das Statistische Bundesamt mit, dass die Erwerbstätigkeit von Frauen im vierten Quartal 2003 weiter zugenommen hat. Nach vorläufigen Berechnungen waren im Durchschnitt des vierten Quartals des Jahres 2003 von den rund 38,6 Millionen Erwerbstätigen in Deutschland 18,1 Millionen bzw. 46,9 Prozent Frauen. Dominiert wird die Frauenerwerbstätigkeit in Deutschland nach wie vor durch Beschäftigungen in den Dienstleistungsbereichen (Handel, Gastgewerbe, Verkehr und sonstige Dienstleistungen), in denen rund 83,4 Prozent der erwerbstätigen Frauen arbeiteten. Geringere Bedeutung hatte die Erwerbstätigkeit von Frauen im produzierenden Gewerbe mit einem Anteil von knapp 14,8 Prozent an allen erwerbstätigen Frauen und in der Land- und Forstwirtschaft mit nur 1,8 Prozent. Im Jahr

2004 leisteten 267000 Männer und mehr als 9800 Frauen den Dienst an der Waffe.

In den USA sollten in den 70er-Jahren Männerberufe für Frauen geöffnet werden, die »Quoten von Frauen und Minderheiten in den Belegschaften« sollten erhöht werden. An einem Beispiel wird sichtbar, dass das Argument »Frauen haben weniger Körperkraft und sind deshalb für viele Berufe nicht geeignet« starr und fantasielos ist. »Beispielsweise wurde die Ausrüstung der Feuerwehren so verändert, dass die Geräte auch für Frauen bedienbar sind – was sie wiederum langfristig auch besser nutzbar für ältere Menschen und Menschen mit geringerer Körpergröße macht.«[9]

Wo ein Wille ist, ist auch ein Weg! Dieser Geräteumbau ermöglichte es auch Männern, die nicht vor Körperkraft strotzen, die nicht mehr jung sind, als Feuerwehrmann zu arbeiten.

Männer in typisch weiblichen Berufsfeldern – eine Ausnahmeerscheinung

Doch wenn wir spiegelbildlich gucken: Haben sich junge Männer vermehrt an typische Frauenberufe herangewagt, haben diese Berufsfelder, die, da sie mit Menschen zu tun haben, immer gebraucht werden, eine größere Bedeutung in der Erwerbstätigkeit von Männern erlangt?

Bisher sind Hegen, Pflegen und Bedienen Sache der Jungen nicht: Von den Auszubildenden in klassischen Frauenberufen waren im Jahr 2002 rund 8,4 Prozent Männer. Dabei handelt es sich um Dienstleistungsberufe vor allem im Sozial- und Gesundheitsbereich.[10] Sind Sie schon einmal einem Arzthelfer begegnet? 0,4 Prozent aller Auszubildenden im Bereich Arzthelfer/Arzthelferin waren 2002 männliche Jugendliche. Ob sie dann später einer »Frau Doktor« zuarbeiten werden?

Im Berufsfeld »Erzieherin«, einem weiblichen Berufsklassiker, beträgt der Durchschnittswert männlicher Mitarbeiter 3,8 Prozent. An deutschen Grundschulen werden die Kinder zu 83 Prozent von Frauen unterrichtet. Da gerade die erste Lehrkraft für die Mädchen und Jungen eine große Bedeutung hat, wirkt sich deren Umgangsstil mit Mädchen und Jungen entscheidend auf das soziale Lernen aus: »Häufig tolerieren Lehrerinnen aggressives oder störendes Verhalten bei Jungen eher und schenken ihnen mehr Aufmerksamkeit als den Mädchen«, stellte Elisabeth Timmer vom Verein katholischer deutscher Lehrerinnen fest.[11]

Der Universitätsprofessor Hartmut Hacker benennt eines der entscheidenden Probleme, die weibliches und männliches Verhalten im Umgang mit der eigenen Berufswahl ausmacht: »Während den Frauen häufig der Umgang mit Kindern an sich sehr wichtig ist, haben die Männer oft ein stärkeres Interesse an einem oder mehreren speziellen Fächern.«[12] Männer verhalten sich demnach zielorientiert, was Inhalte der Arbeit angeht, Frauen scheint es wichtiger, dass sie sich emotional einbringen können.

Käthe Schirmacher, die 1895 als erste deutsche Frau promovierte, stellte 1908 in ihrem Buch *Wie und in welchem Maße lässt sich die Wertung der Frauenarbeit steigern?* schon treffend fest: »Der Mann wird beruflich höher gewertet wegen größerer Fähigkeiten und größerer Lasten, die beiden letzten Faktoren bilden die Geschlechtsprämie des Mannes, den Geschlechterzuschlag. Die Frau wird beruflich geringer gewertet wegen geringerer Fähigkeiten, geringerer Lasten. Die beiden letzten Faktoren bilden ihren Geschlechtsabzug.«[13]

Für alle Berufsfelder, in denen Verantwortung für Menschen, insbesondere für die vom Wohlwollen Erwachsener abhängigen Kinder, übernommen wird, kann heute kein Arbeitgeber mit »geringeren Fähigkeiten« des Personals zufrieden sein.

Ernsthaft diskutiert wird die Fachhochschulreife, wird ein Studium, um den vielfältigen Anforderungen des »ErzieherInnen«-Berufes gerecht werden zu können. Dann allerdings müssten die Menschen auch angemessener bezahlt werden, als es heute der Fall ist.

Doch es wäre viel zu kurz gegriffen, nur die Bezahlung als Argument für die Abwesenheit von Männern in Erziehung und Pflege vorzubringen. Das wirkliche Problem ist die gesellschaftliche Wertigkeit dieser Berufsfelder. Es gibt in Wahrheit keine männlichen und weiblichen Berufe, diese *Klischees* machen Männern diese Berufsentscheidung so schwer.

Ottmar Schader von der »Agentur für Arbeit« in München äußerte sich in einem Interview 2004 folgendermaßen: Die Kunst der Beratung bestünde darin, dass man den jungen Menschen klar macht, dass es Konsequenzen habe, wenn sie den Weg A oder den Weg B gehen. »Das heißt, ich muss wissen, wenn ich heute als junger Mann in einen Beruf reingehe, der fast ausschließlich von Frauen gewählt wird, dass ich mich dann beispielsweise in der Ausbildung in einem stark sozial geprägten Kontext befinde, weil die Berufswahl junger Frauen da stärker hingeht, damit ich mich dann von den Rahmenbedingungen nicht irritieren lasse, und dazu brauche ich Information.«[14]

Wenn Männer so beraten, kann sich nichts ändern. Diese Argumentation wirkt eher als Abschreckungsargument.

Für die Münchner städtischen Kindertagesstätten haben wir einen anderen Weg gewählt: Erzieher und Kinderpfleger stehen verstärkt Schülern als Vorbild zur Verfügung. Unter dem Motto »Männer werben Männer« können Jugendliche nun an der Seite eines Mannes erleben, dass »hegen, pflegen, schützen, trösten« einem Mann nichts von seiner Männlichkeit nimmt. Und die Jugendlichen werden verstehen, dass auch Organisationstalent, Durchsetzungskraft und Übernahme von Verantwortung zu den Eignungsmerkmalen für diesen Beruf gehören. Eigenschaften, die traditionell dem männlichen Geschlecht zugeschrieben werden.

Derzeit noch sind Männer, die in diesen Berufen arbeiten, Exoten. Ihnen ergeht es dort wie den Frauen in Männerberufen: Sie irren meist als Einzelexemplar ihres Geschlechtes in einem Frauenteam herum. Bedauerlich ist es, wenn dann Frauen auf ihre Art und Weise sexistisch mit Männern umgehen. Ich wollte dies lange Zeit nicht wahrhaben. Auch Frauen grenzen Männer aus, indem sie die Augenbrauen hochziehen, hochmütig lächeln, hinter den Männern demonstrativ herputzen. Sich als die besser Geeigneten in Sachen »Erziehung« darstellenden Frauen erschweren es den Männern, einen eigenen Umgangsstil mit Mädchen und Jungen zu entwickeln. Männer als Kollegen im Frauenteam sollten sich ebenso gleichgeschlechtliche Verstärkung holen wie Frauen im reinen Männerteam.

Arbeitszeiten nach Maß

Gehen wir noch einmal zurück zur Situation von Frauen, die sich für eine Berufskarriere entscheiden:

»Über 80% der weiblichen Führungskräfte in Deutschland haben keine Kinder, während nur ein Drittel ihrer Kolleginnen in anderen Ländern kinderlos ist. Die Entweder-oder-Entscheidung zwischen Kind und Karriere stellt sich deutschen Frauen in besonderem Maße. Familienfreundliche Angebote der Unternehmen, etwa bei den Arbeitszeiten, Vergütungsmodellen und der Kinderbetreuung dürften sich in Zukunft zu einem wesentlichen Differenzierungsmerkmal in Bezug auf die Arbeitgeberattraktivität entwickeln – nicht nur für Frauen.«[15]

Zu Beginn dieses Kapitels stellte ich Ihnen einige Fragen. Unter anderem, ob Sie, falls Sie selbst kinderlos leben, bereit wären, den Müttern und Vätern flexiblere Arbeitszeiten zuzugestehen als Kinderlosen.

Auffallend ist die große Diskrepanz zwischen theoretischen Erkenntnissen und praktischen Hilfsangeboten für Eltern in Deutschland. »Ich will auch meinen Feierabend haben ...« oder »Das müssen sich die Leute eben überlegen, bevor sie Kinder in die Welt setzen!« sind leider keine Ausnahmeantworten auf meine Fragen nach Solidarität mit Eltern.

»Berufstätige Eltern sind Zeitjongleure, die ständig zwischen Familie und Beruf balancieren«, belegte die Expertin des Wirtschafts- und Sozialwissenschaftlichen Instituts (WSI) Dr. Christina Klenner im Jahr 2002. Eine Studie hat ergeben, dass Mütter und Väter sehr viel Energie in die Abstimmung zeitlicher Arrangements stecken, um Beruf und Familie miteinander vereinbaren zu können.[16]

Das WSI-Forschungsteam hatte »Arbeitszeiten nach Maß« – zugeschnitten auf die konkreten Bedingungen jeder Familie – gefordert. Die praktische Umsetzung dieser berechtigten Forderung sieht folgendermaßen aus:

1. Die Arbeitszeiten müssten planbar sein und dürften nicht kurzfristig geändert werden. Arbeitszeitveränderungen würden unweigerlich eine ganze Kette von Veränderungen im familiären Arrangement nach sich ziehen.
2. Mitbestimmung über die Lage und Verteilung der Arbeitszeiten sollte eine an den Bedürfnissen der Kinder orientierte Flexibilität der Arbeitszeiten ermöglichen (Stichwort Schulferien).
3. Zurückgedrängt werden müsse eine Arbeitszeitkultur der ständigen Verfügbarkeit. Dies sei oft nur die Folge von mangelnder Personalausstattung oder schlechter Arbeitsorganisation.

Im krassen Widerspruch hierzu steht die Realität. Die Öffnungszeiten der Kinderbetreuungseinrichtungen versetzen die Familien in einen ständigen Kampf gegen die Zeit. Da gibt es keine Großeltern mehr, die zur Verfügung stehen. Arbeitgeber erwarten, dass »engagierte« MitarbeiterInnen Überstunden machen. Wie oft erlebe ich Mütter, die abgehetzt und schuldbewusst zugleich in die Kindergärten gerannt kommen. Die dazugehörigen Kinder stehen schon im Mantel hinter der Tür. Mütter und Väter schnappen sich ihre Zöglinge, um dann mit den Kleinen noch schnell einkaufen zu gehen. Kein Vergnügen für alle Beteiligten, eher eine Zumutung!
Dieser permanente Zeitmangel hat auch zur Folge, dass

die kleinen Mädchen und Jungen »schnell« angezogen werden, dass die Geduld fehlt, ihnen Alltagsfertigkeiten beizubringen, dass kleine Kinder allein vor dem Fernseher oder Videorekorder sitzen, wenn Eltern »noch schnell« etwas erledigen müssen oder einfach mit ihren Kräften am Ende sind.

Wenn Berufstätige – wie es immer häufiger der Fall ist – Arbeit mit nach Hause nehmen, um das von ihnen geforderte Ergebnis zeitnah zu liefern, dann hat dies im Falle von Haushalten mit Kindern fatale Folgen: Statt sich mit den Töchtern und Söhnen zu entspannen, werden Laptops angeschaltet, dringende berufliche Telefonate geführt. Die Grenzen zwischen Beruf und Familie sind mittlerweile so unscharf, dass das Familienleben noch mehr in Bedrängnis gerät.

Zur Vereinbarkeit von Berufstätigkeit und Familienaufgaben veröffentlichte die »Vereinigung Hamburger Kindertagesstätten e.V.« im Mai 2003 eine interessante Elternbefragung. 1489 Eltern füllten den Fragebogen aus. Das Ergebnis zeigt, wie schwierig es für viele Eltern ist, ihre Kinder zu den vorgegebenen Öffnungszeiten aus Kinderbetreuungseinrichtungen abzuholen:

1. Arbeiten Sie beruflich auch an Samstagen oder Sonntagen? Regelmäßig 22% – in Einzelfällen 41%.
2. Arbeiten Sie beruflich auch abends (nach 18 Uhr) oder nachts? Regelmäßig 24% – in Einzelfällen 39%.
3. Kommt es vor, dass Sie kurzfristig – von einem Tag auf den anderen – Überstunden leisten oder Ihre Arbeitszeit verschieben müssen? Regelmäßig 29% – in Einzelfällen 59%.

4. Kommt es vor, dass die Lage Ihrer Arbeitszeit in längeren Abständen wechselt (z.B. Schichtarbeit, monatlich oder wöchentlich wechselnde Dienste)? Regelmäßig 18% – in Einzelfällen 21%.[17]

Ganz gleich, ob diese Antworten von Müttern oder Vätern stammten, Fakt ist, dass die Eltern häufig nicht wissen, wo sie ihre Kinder unterbringen sollen. Wer bei diesem massiven Problem von »Privatsache« spricht, verkennt, dass diese Kinder, die ebenso wie die Eltern unter dem Unterbringungsstress leiden, als Erwachsene für alle Alten die Verantwortung tragen sollen, auch für Sie!

Wenn junge Frauen und Männer dann selbst vom »Privatproblem« der älteren unversorgten Menschen sprechen, geben sie nur wieder, was sie selbst in der Kindheit miterlebt haben.

Wir alle wollen Service: Wir wollen längere Ladenöffnungszeiten, wir wollen öffentliche Verkehrsmittel bis in die Nacht und auch am Wochenende, wir wollen in Restaurants, Kinos und Theatern unsere Freizeit verbringen. Wasser, Strom und Telefon sollen rund um die Uhr funktionieren, wenn wir krank sind, erwarten wir freundliche Versorgung im Krankenhaus, jederzeit. Und die Polizei soll sofort kommen, wenn wir sie rufen, egal wann. Vergessen dabei wird nur allzu oft, dass diese »dienstleistenden« Menschen auch Kinder haben, die umsorgt sein müssen, wenn die Eltern arbeiten.

So viel zu den derzeitigen außerhäuslichen Arbeitsfeldern von Frauen und Männern, die massive Auswirkungen auf die Lebensrealität von Kindern und Jugendlichen haben. Es gibt jedoch noch eine andere Arbeitswelt, die im öffentlichen Leben unbeachtet bleibt, ohne die aber das Überleben und die Lebensqualität nicht gewährleistet sind. Auch auf sie lohnt sich ein geschärfter Blick ...

Sie putzt die Fenster im größten Wolkenkratzer der Welt

Kinder erleben überwiegend ihre Mütter als Gestalterinnen, Organisatorinnen und Durchführende aller Haushaltsangelegenheiten. Mädchen werden in weit größerem Umfang zu häuslichen Hilfsdiensten herangezogen als Söhne. So festigen sich auch hier traditionelle Rollenmuster. Hausarbeit hat keinen gesellschaftlich anerkannten Wert, sie findet im Verborgenen hinter geschlossenen Türen statt.

Mütter, mit denen ich über die Beteiligung ihrer Kinder am Haushalt spreche, nennen vor allem einen Grund für ihre Nachsicht mit Söhnen: »Bis ich meinen Sohn zur Mitarbeit überredet habe, habe ich's schon lange allein gemacht.«

Hier liegt ein fataler Denkfehler vor. Hausarbeit ist eine Notwendigkeit. Das Waschen der Kleidung, der Einkauf und die Zubereitung von Nahrung dient allen und Söhne, die nicht eingewiesen werden in die Waschmaschinenbedienung, werden als Jugendliche und Erwachsene weiterhin auf die Hilfe von Mütter, Freundinnen oder Ehefrauen bauen.

Haben Sie sich schon einmal gefragt, wie viel eine Frau monatlich verdienen müsste, wenn ihre unbezahlte Hausarbeit gleichwertig zu der eines berufstätigen Mannes bewertet werden würde? Hier eine beeindruckende Darstellung, die den gesamtgesellschaftlichen Wert der Hausarbeit in Geld umrechnet. Auch wenn diese Statistik aus dem Jahr 1956 stammt, an Aktualität hat sie nichts verloren.

»Zwei Tonnen Lebensmittel schleppt die Hausfrau einer vierköpfigen Familie jährlich vom Kaufmann in die Wohnung. Ihre tägliche Arbeitsleistung entspricht der eines Lokomotivführers. Im Laufe einer 25-jährigen Ehe schneidet sie für die vierköpfige Familie 500 000 Brotscheiben, putzt so viele Fenster, wie sie der größte Wolkenkratzer der Welt, das Empire State Building, besitzt, läuft beim Einkaufen allein rund achtmal um die Erde und spült einen Tellerberg, der 1800 Meter hoch ist. Wollte ihr Mann alle Hausaufgaben von Fachkräften verrichten lassen, so müsste er monatlich 1104,50 DM für die Haushaltsführung aufwenden.«[18] In aktueller Währung käme die Frau auf 564,72 Euro, den Geldverfall mit berechnet, müsste sie mindestens das Doppelte an monatlichem Geldwert erhalten und könnte so für ihre eigene Rente sorgen!

Ich habe diese Auflistung Müttern und Vätern vorgelesen, sie teilweise regelrecht dazu überreden müssen, diese Beweise der kräftezehrenden Höchstleistung mit den eigenen Kindern zu besprechen und folgende Berechnungen mit den Söhnen und Töchtern nachzustellen:
- Zähle die Treppenstufen, die am Tag gegangen werden, um einzukaufen und den Einkauf in die Wohnung zu bringen.
- Zähle die Fenster in der Wohnung.
- Hole alle Teller und Tassen aus den Schränken, staple sie auf einer Fläche.

- Laufe die Schritte der Mutter oder des Vaters während der Hausarbeit nach.
- Nimm alle Kleidungsstücke der Kinder aus dem Schrank und lege sie, nach Weiß- und Buntwäsche getrennt, wieder zusammen.

Was anfänglich eher als Last von Eltern empfunden wurde, haben einige Familien (»Das dauert ja ewig ...!«) sogar als Wochenend-Erlebnisspiel durchgeführt.

Nicht nur die Mütter selbst staunten, auch die Väter. Vor allem hatte diese Aktion einen wichtigen Effekt: Die Kinder hatten erstmals Respekt vor diesen Tätigkeiten!

Doch mit Respekt allein ist es nicht getan. Wichtig ist es, Mädchen und Jungen von klein auf an Haushaltstätigkeiten zu beteiligen. Sie erkennen so frühzeitig Arbeitsabläufe und erleben auch das Gefühl, etwas geschafft, erledigt zu haben. Sie lernen aber auch, dass Hausarbeit innerhalb kürzester Zeit von vorn beginnt, und verteidigen plötzlich ihre selbst gereinigten Arbeitsflächen.

Auch folgendes Argument wird häufig gegen kindliche Haushaltsbeteiligung vorgebracht: »Das dauert ja doppelt so lang. Dann habe ich keine Zeit mehr, mit dem Kind zu spielen ...« Dabei wollen Kinder beteiligt werden, sie wollen den Tisch decken, mit dem Staubsauger oder Besen durch die Räume schieben. Sie können mit Schaufel und Handfeger umgehen und schon als Vierjährige die eingekauften Lebensmittel in die Schränke räumen.

Sehen Sie sich in Ihrer Küche um: An welchen Plätzen werden Alltagsdinge verwahrt? Was kann aus Hochschränken nach unten geholt werden, damit Kinder sich beteiligen können? Bringen Sie Kindern bei, ihre Kleidung selbst in Schränke und Schubladen aufzuräumen. Und versuchen

Sie, Ihre Vorstellung von »Ordnung« zu relativieren. Das dient Ihren eigenen Nerven und erleichtert Söhnen und Töchtern die Übernahme von Aufgaben.

Der Einfluss der »Hausfrau« auf Ernährung, Erziehung und Volkswirtschaft wird immer noch unterschätzt. Eine versöhnliche Nachricht aus Italien stelle ich da ans Ende des Nachdenkens über die Hausarbeit: Italienische Hausmänner gründeten im Jahr 2001 einen Verein. Sie wollten nicht länger im Verborgenen ihre bewusste Entscheidung leben und dem Klischee, wer sich eine Schürze umbindet, verliert die Zeugungskraft, entgegentreten. In einem Interview stellte der Vereinsvorsitzende fest, dass es an der Zeit sei, das Image der Hausarbeit aufzuwerten: Er könne ja verstehen, dass Hausfrauen diese Tätigkeiten hassten, wenn sie lieber arbeiten gehen würden. Für Hausmänner wie ihn sei dies eine Wahl freier Überzeugung. 1500 Männer meldeten sich 2001 auf seinen Aufruf hin. Und 2004 hatte dieser Verein schon 2500 Hausmänner-Mitglieder.[19]

Rollenklischees – was Kinder sehen

All die nun benannten Faktoren – ungleiche Ausbildungs- und Arbeitsbedingungen für Frauen und Männer, die Sprachlosigkeit der Eltern ihren Zöglingen gegenüber, wenn es um »Arbeit« geht, der Mangel an Fantasie anregenden, »untypischen« realen Vorbildern beiderlei Geschlechts für die Lebensplanung der Kinder – machen deutlich: Wir müssen aktiv werden. Im Folgenden schildere ich Möglichkeiten der positiven Einflussnahme. Zur Einstimmung ein

Gespräch, das ich mit fünf- bis sechsjährigen Kindergartenkindern führte:

MEINE BITTE LAUTET: »Erzählt mir, was Frauen den Tag über so tun.«
Ein Mädchen: »Also da gibt es die Frauen, die sind zu Hause, die tun nichts, außer kochen und aufräumen. Und dann gibt es die Frauen, die gehen arbeiten. Meine Tante, die geht arbeiten, und mein Papa sagt, wenn die so weitermacht, kriegt sie nie Kinder.«
Frage: »Weshalb?«
Das Mädchen: »Na, weil sie abends immer so müde ist und so gestresst aussieht.«
Frage: »Wie sieht denn eine gestresste Frau aus?«
Ein Junge: »Die ist ganz blass und dünn und schreit immer so rum.«
Ein Junge: »Meine Oma war nie auf Arbeit, die war immer in der Wohnung, die ganze Zeit.«
Ein Mädchen: »Ja, meine Oma sagt auch, dass wir es heute viel schwerer haben als sie, als sie ein Kind war.«
Frage: »Was ist für euch schwerer?«
Das Mädchen: »Weiß ich nicht so genau. Oma sagt, alles geht so schnell und unsere Ohren gehen kaputt, weil wir so laute Musik hören, und zu Mama sagt sie immer: ›Wenn du so weitermachst, gehst du noch drauf!‹.«
Frage: »Was meint die Oma damit?«
Das Mädchen: »Na, Mama geht noch zum Sport und will auch wieder arbeiten, wenn meine kleine Schwester größer ist.«
Frage: »Weißt du, welchen Beruf deine Mutter hat?«
Das Mädchen: »Nö, irgendeinen eben.«

Frage: »Wollt ihr später mal einen Beruf erlernen?«

Ein Mädchen nickt ganz kräftig, zwei sehen erst zu ihr hinüber, bevor sie auch nicken, und ein Junge sagt: »Muss man ja, irgendwo muss das Geld ja herkommen.«

Frage: »Woher kommt denn bei euch zu Hause das Geld?«

Der Junge: »Meine Mama geht am Vormittag in die Arbeit und mein Papa schickt ihr Geld.«

Frage: »Wo ist denn dein Vater?«

Der Junge: »Der wohnt nicht mehr zu Hause, aber er muss mir Geld schicken, weil meine Mama auf mich aufpasst.«

Frage: »Gibt es einen Beruf, den ihr ganz gut findet?«

Ein Mädchen: »Ich will mal später was ganz Spannendes machen.«

Frage: »Was ist ein ganz spannender Beruf?«

Ein Junge: »Einer, wo ich den anderen sagen kann, was sie machen sollen, und ich bin der Chef von denen.«

Frage: »Und hier die Erzieherinnen, was ist mit denen, sind sie berufstätig?«

Ein Mädchen: »Na, die spielen mit uns und lesen uns vor, dafür sind sie da.«

Ein Mädchen: »Ja, schon, aber nicht so richtig, weil die sind ja nicht im Büro oder im Kaufhaus, sondern spielen nur mit uns.«

Ein Junge: »So 'ne Arbeit will ich mal nicht machen. Das wäre mir viel zu laut hier, wenn ich groß bin.«

Ein Mädchen: »Das ist ja auch nichts für Jungen. Die machen doch sowieso lieber was anderes.«

Frage: »Und was tun die Männer den ganzen Tag über?«

Ein Junge: »Die Männer machen alles, alles, alles.«

Frage: »Was machen sie denn alles?«

Der Junge: »Wenn mein Papa nach Hause kommt und das Essen ist noch nicht fertig, dann sagt er zu meiner Mama: ›Muss ich denn hier wirklich alles alleine machen?‹ Und dann haben sie oft Streit.«

Frage: »Und was antwortet deine Mutter?«

Der Junge: »Wenn meine Mama dann wütend ist, dann sagt sie: ›Du machst doch auch alles andere ohne mich.‹«

»Bei uns im Haus wohnt ein Mann, der hat keine Arbeit. Und mein Papa sagt, das ist ganz schlimm für einen Mann, wenn er gar nichts machen kann«, erzählt ein anderes Mädchen.

Frage: »Wie wäre es denn, wenn eure Väter zu Hause wären und die Mütter gingen allein arbeiten?«

Ein Mädchen: »Ich fände das super, wenn Papa mal ganz viel Zeit haben täte.«

Ein Junge: »Aber dann bleibt alles liegen.«

Frage: »Was bleibt liegen?«

Der Junge verschränkt die Arme vor der Brust: »Na, die Wäsche und der Dreck eben. Das sieht mein Papa nicht!«

Frage: »Würde der Papa etwas anders machen als die Mama?«

Auf diese Frage antworten alle Kinder ganz schnell: Papa liest dann in Ruhe Zeitung. Papa holt öfter mal eine Pizza. Papa räumt nicht so viel auf. Papa nervt nicht so viel ...

Und ein Junge ergänzt: »Wenn alle Mamas arbeiten gehen und alle Papas bei uns sind, wer verdient denn dann das Geld?«

Diese kleinen Kinder haben ein altes Klischee übernommen: Frauen, die den Haushalt versorgen, die Kinder erziehen – also Mütter und Hausfrauen – sind nicht berufstätig. Sie gehen keiner gesellschaftlich akzeptierten Arbeit nach – und verdienen dadurch auch kein Geld. Frauen, die berufstätig sind, sind gestresst und sehen müde aus und kriegen vielleicht keinen Mann mehr ab. Frauen, deren Beruf die Betreuung und Begleitung von kleinen Kindern beinhaltet, sind nicht »so richtig« berufstätig, sie »spielen nur«. (Sehen wir uns die unterschiedliche Vergütung von Erzieherinnen und Lehrerinnen an, entspricht dies der gesellschaftlichen Wertung dieser beiden gleichermaßen wichtigen pädagogischen Berufe.)

Und ihre Vorstellung von dem, was Männer tun, ist nebulös. Männer tun eben »alles«. Aber ein Papa zu Hause, das wäre super.

Die Schlussfolgerungen dieser Kinder machen deutlich, wie sehr sich alte Rollenbilder schon in ihnen verfestigt haben.

Arbeitslosigkeit ist ganz schlimm für einen Mann, sagte ein Mädchen. Wenn ein Elternteil plötzlich arbeitslos geworden ist – die Hälfte der Arbeitslosen im Frühjahr 2004 waren Männer –, wirkt sich das schnell auf die Familiensituation aus: Das Geld wird noch knapper in der Haushaltskasse, Vergnügungen für die Kinder werden notgedrungen eingeschränkt. Jeder Ausflug oder eine Klassenreise raubt den Eltern den letzten Nerv. Dicke Luft zu Hause, plötzlich Streit zwischen den Eltern. Die Kinder verstehen nicht, weshalb. Oftmals erfahren die Erzieherinnen oder Lehrkräfte nichts von dieser Not. Besonders Väter kostet es als »Ernährer« der Familie große Überwindung, diese subjektive Schmach auch noch öffentlich zu machen.

Heute kann diese »Schmach« der Arbeitslosigkeit alle Männer treffen und erst, wenn dieses Klischee des »Ernährers« außer Kraft gesetzt wird, werden beide Geschlechter von Fall zu Fall entscheiden, ob die Frau oder der Mann zur

Arbeit geht, ohne dass Männer dies vor Freunden verheimlichen müssen. Wie also Kindern ein realistischeres Bild von den Arbeitswelten ihrer Mütter und Väter vermitteln? Zum Beispiel mit der folgenden Aktion.

Berufsgalerie zum Mitmachen

Was geschieht, wenn Kinder mit ihren Eltern ins Gespräch kommen, wenn sie Mütter und Väter über deren Berufstätigkeit ausfragen? Erst einmal stelle ich fest, dass Eltern nicht so genau wissen, was sie ihren Kindern erzählen könnten.

»Meine Arbeit ist nicht so interessant für Kinder«, bedauert eine Mutter mir gegenüber, »eher langweilig, immer das Gleiche«. Ein Vater: »Ich bin ständig mit dem Wagen unterwegs, da gibt es nichts zu erzählen.«

Doch wenn ich dann nachfrage:

- Wann und wie beginnt Ihr Arbeitstag?
- Welche Arbeitskleidung tragen Sie?
- Arbeiten Sie in einem Team oder allein?
- Wofür sind Sie in Ihrem Job verantwortlich?
- Was steht auf Ihrem Schreibtisch, wie sehen die Arbeitsgeräte aus, mit denen Sie täglich zu tun haben ...,

dann fällt den Eltern doch das eine oder andere ein und manche sehen »endlich mal wieder selbst, wofür das, was ich den ganzen Tag über tue, gut ist«.

Kinder erwarten keine Arbeitsplatzbeschreibung, wie sie im Arbeitsvertrag steht. Sie wollen einfach hören, was die Eltern den Tag über tun. Ein Projekt visualisierte genau dies:

IN MEHREREN Münchner und Freiburger Kindertageseinrichtungen wurde das »Berufsvisionen-Projekt« zu einer sehr umfangreichen Aktion. Immer neue Ideen entstanden und so zog sich die Beschäftigung mit dem Thema über Monate hin. Die Kinder erbaten von den Eltern ein sichtbares Indiz ihrer Berufstätigkeit. Und die Eltern gaben reichlich:

Berufskleidung, Büromaterial, Werkzeug, Fotos, Besen und Gießkanne, Stempelkarte, alte CDs, Ausdrucke von Tabellen, Stethoskop und vieles andere. Mit diesen Dingen wurden nach und nach die Räume der Kinder dekoriert. Nicht nur die Wände, auch die Zimmerdecken wurden geschmückt, da hingen die spannendsten Gegenstände plötzlich im Raum.

Eltern wurden gebeten, mit Zeit zum Abholen zu kommen und den interessierten Kindern von diesem aktuellen Arbeitstag zu erzählen. Das Ergebnis dieser Aktionen war verblüffend: Mütter und Väter dachten plötzlich über ihren Berufsalltag nach, staunten darüber, »was Kinder so alles fragen, was sie spannend finden ...«. Die Kinder bewerteten nicht, dachten nicht in der Kategorie »Karriere«.

Einige Kinder zeichneten anschließend ihren aktuellen Lieblingsberuf und schmückten auch damit die Wände.

Sie spielten »Berufe raten«, bauten aus großen Kartons Geschäftsräume wie eine Apotheke, einen Friseursalon, ein Blumengeschäft, ein Reisebüro mit all den Gegenständen, von denen sie erfahren hatten.

Als Abschluss dieses Projektes war in einem Hort geplant, das Faschingsfest unter dem Motto »Berufe« zu feiern. Lebensgroße Figuren wurden hergestellt: Köpfe aus aufgeblasenen

Luftballons steckten auf mit Zeitungspapier ausgestopften Berufskleidungen der Eltern.

Dann allerdings gab es eine Überraschung: Zum Faschingsfest selbst kamen die meisten Jungen als Cowboy und die Mädchen als Prinzessin. Ein Junge hatte eine lebensnahe Begründung parat: »Meine Eltern gehen doch auch nicht in ihrer Arbeitskleidung zum Feiern!«

Den Blick schärfen – auf Erkundungstour

Nur selten wird in deutschen Kinderbüchern auf elterliche Berufstätigkeit eingegangen. Klischeehafte Rollenverteilung – von der Realität überholte Mutter- und Vaterbilder – werden den Kindern angeboten. Und wenn es Bilderbücher zum Thema »Berufe« gibt, dann werden auch darin die Frauen in klassischen Berufsfeldern gezeigt. Doch wieder bedarf es nur etwas Zeit und Fantasie, um Kindern Zugang zu weiblichen und männlichen Lebenswelten zu verschaffen – auf eine Weise, die ihnen Spaß macht.

FÜR KINDERGARTENKINDER wählten wir eine Annäherung, die ihren Wahrnehmungsmöglichkeiten entspricht: Mit ihnen wurden Ausflüge in die nahe Umgebung durchgeführt.

Eine Vergrößerung des Umgebungsstadtplanes in der Hand, suchen die Kinder Berufe, und an jeder Stelle, an der sich ein Beruf findet, wird ein Kreuz in den Plan gezeichnet.

Auf den ersten Blick zu erkennen sind Ladengeschäfte, Banken, die Post, also Räumlichkeiten, in die wir hineingehen, wenn wir »etwas brauchen«. Doch auch hinter all den vielen Schildern an Hauswänden verbergen sich Berufe.

Diese Aktion hat zur Folge, dass die kleinen Mädchen und Jungen sich in der nahen Umgebung der Kindertagesstätte erstmals bewusst orientieren können: Wenn ich da lang gehe, komme ich zur Post, da kann ich Briefe und Pakete hinbringen. Wenn ich auf der anderen Straßenseite gehe, komme ich am Blumenladen vorbei ...

Selbst für die begleitenden Pädagoginnen gibt es viele Überraschungen: »Vor dieser Aktion war mir die Umgebung selbst nicht bekannt. Ich arbeitete zwar dort, fuhr nach Arbeitsschluss aber gleich in meine eigene Gegend. Ich wusste nicht, dass ich auch viele Alltagsnotwendigkeiten in den Straßen um meinen Arbeitsplatz herum erledigen kann.«

Zählen Sie doch einmal – nur fünf Minuten lang – alle Fahrzeuge mit Firmenaufschriften, denen Sie auf der Straße begegnen. Sie werden staunen, wie die Kinder, mit denen wir zählten.

Auch mit Hortkindern findet eine solche Recherche statt. Die Grundschulkinder ziehen los zum Interview. Sie befragen die Menschen in Geschäften: Wie heißt Ihr Beruf? Was haben Sie dafür gelernt? Macht Ihnen Ihr Beruf Spaß?

Die Befragten antworten meist sehr erstaunt, aber bereitwillig und innerhalb kürzester Zeit stellen die Kinder selbst fest: »Es gibt Berufe, da sind viele Frauen, Verkäuferin oder Kassiererin zum Beispiel.«

»In den Autos der Firmen fahren viel mehr Männer als Frauen durch die Gegend.«

»Auf den Schildern an den Häusern ist nicht zu sehen, wie viele Leute da in den Räumen arbeiten.«

Und die Kinder verstehen auch: »Da gibt es Leute, die machen die ganze Arbeit, und andere, die passen auf. Die Arbeit machen oft die Frauen und die Männer passen auf.«

Wenn Sie mit Kindern unterwegs sind, wenn Sie solche und ähnliche Projekte durchführen, wenn Sie Mädchen und Jungen beobachten lassen, werden Sie feststellen, wie die Kinder auf die Lebensrealitäten von Frauen und Männern achten. Wenn wir die Kinder selbst suchen lassen, stellen sie unweigerlich Gesetzmäßigkeiten fest. Erst einmal nehmen sie die Dinge, wie sie sind. Doch je öfter wir mit ihnen in diesen Projekten darüber sprechen, wie sich in den Berufen die Aufgaben von Frauen und Männern verteilen, dann erkennen sie klassische Rollenvorgaben.

Erst finden sie, dass ein Chef nett oder nicht nett ist, dann fragen sie, warum so oft der Chef ein Mann ist. Dann sagen Mädchen, dass sie auch mal ein Chef werden wollen, eine Chefin also. Jungen finden diese Aussicht, dass einmal eine Frau ihnen sagen wird, was sie arbeiten sollen, »komisch«.

Ohne große theoretische Vorträge, sondern durch Gespräche, Nachfragen und Anregungen, der Schulung ihrer Beobachtungsfähigkeit werden Kinder aufmerksamer und meist auch nachdenklicher. So funktioniert die Sensibilisierung für Geschlechtsrollenklischees – die »geschlechtergerechte Pädagogik« – im Alltag.

Wie wirksam, wie notwendig es ist, den Mädchen und Jungen, den weiblichen und männlichen Jugendlichen die Spielregeln der Arbeitswelt kritisch zu vermitteln, zeigt auch die Bestandsaufnahme von Shere Hite. In ihrem Buch *Sex & Business – Männer und Frauen bei der Arbeit* ging sie in langen Gesprächen mit Top-Managern der Frage nach, weshalb Männer es Frauen so schwer machen, in Führungspositionen aufzusteigen, und weshalb Frauen immer noch meinen, Macht und Geld würde ihnen nicht gut zu Gesicht stehen.

Ihre Schlussfolgerung deckt sich mit all den Anregungen in diesem Buch: »Ein neues Verhältnis zwischen den Geschlechtern, zuerst erprobt am Arbeitsplatz, wird sich auch in der übrigen Gesellschaft und im Privatleben entwickeln, je mehr Menschen sich daran machen, ihre Art des Umgangs am Arbeitsplatz und das Bild, das sie von sich selbst haben, zu verändern.«[20]

Auf einen Blick

Der ständige Spagat zwischen Privat- und Berufsleben belastet Liebesbeziehungen und Familienalltag gleichermaßen. Die Unvereinbarkeit von Beruf und Familie geht zu Lasten der Frauen, die auf berufliche Weiterentwicklung verzichten, zu Lasten der Männer, die ihre Kinder nur am Wochenende erleben, zu Lasten der Kinder, die den Vater mehr als Gast denn als Familienmitglied erleben. Die Festlegung auf »typische« Frauen- und Männerberufe verhindert eine gemeinsame Gestaltung der Arbeitswelt durch das Miteinander beider Geschlechter. Die ungleiche Verteilung von beruflicher Wertschätzung führt zu Lohndiskriminierung von Frauenarbeit und verhindert außerdem, dass Männer sich für pädagogische und pflegende Berufsfelder entscheiden.

Gender Mainstreaming heißt in diesem Zusammenhang auf institutioneller Ebene zum Beispiel:
- Beide Geschlechter werden von Schule und Arbeitsamt über die Vielzahl an Berufsbildern ohne geschlechtsspezifische Vorauswahl unterrichtet.
- Frauen und Männer erhalten den gleichen Zugang zu Fort- und Weiterbildung.
- Es wird darauf geachtet, dass sie gleichermaßen in Führungspositionen vertreten sind.
- Maßnahmen werden getroffen, die Frauen und Männern das Leben mit Kindern emotional und zeitlich befriedigend ermöglichen.

Im Alltagsleben bedeutet Gender Mainstreaming in diesem Zusammenhang zum Beispiel:
- Berufstätige Mütter werden nicht als »Rabenmütter«, Hausmänner nicht als »Schlappschwanz« tituliert.
- Es bedeutet auch, dass sich die Öffnungszeiten von Kindertagesstätten am realen Bedarf der berufstätigen Eltern orientieren.
- In Partnerschaften beteiligen sich die Männer an der Arbeitsteilung im Haushalt.
- Fortbildungsinstitutionen bieten selbstverständlich eine Kinderbetreuung an.

Praxisideen:
- Erzählen Sie Kindern und Jugendlichen von Ihren Erlebnissen am Arbeitsplatz.
- Nehmen Sie Ihre Kinder mit und stellen Sie sie den Kolleginnen und Kollegen vor.
- Lassen Sie kleine Kinder an Haushaltstätigkeiten teilnehmen.
- Erklären Sie Kindern anhand eines Branchenbuches die Tätigkeiten, die sich hinter Berufsnamen verbergen.

Vom Umgang mit Geld – »Mann« hat es ...

Im letzten Kapitel ging es vorrangig um die Möglichkeiten und Unmöglichkeiten beider Geschlechter, ihre individuellen Berufswünsche erfolgreich im realen Leben zu verfolgen. Sichtbar wurde die unterschiedliche Herangehensweise beider Geschlechter: Frauen argumentieren, ein Beruf soll emotional befriedigen, Männer sehen sich als den, der das Geld ranschafft. Die Höhe des monatlichen Gehaltes entscheidet über den sozialen Stand in der Gesellschaft. Die Aussage »Über Geld redet man nicht, man hat es« können sich nur die Personen leisten, die »es« haben.

Für deren Kinder gelten dann auch ganz andere Aktivitäten als selbstverständlich als für Kinder aus Familien, die von Arbeitslosenunterstützung leben. Das Wort »Geld« ist ein nebulöses Wort. Kinder hören, dass Geld wichtig ist, dass Geld zum Leben gebraucht wird. Sie sehen im Fernsehen, dass Menschen mit Geld ein abenteuerliches Leben führen. Fragen Sie sich ebenso wie ich, wie es denn möglich ist, dass junge Menschen in der Fernsehwerbung über riesige Wohnflächen, Designersofas und unglaublich teure Einbauküchen verfügen? Oder dass der junge Verehrer selbstverständlich im Cabrio vorfährt? Müssen wir also davon ausgehen, dass sie mit einem goldenen Löffel im Mund geboren worden sind?

Wer das Geld hat, hat das Sagen

Ich selbst habe als Mädchen Geld nur als Mangelthema erlebt: Immer war zu wenig davon da, jeder Groschen wurde umgedreht und zum Sparen reichte es auch nicht.

Dass Geld ein Bewertungskriterium von Arbeit ist, dass der Umgang mit Geld erlernt werden kann und muss, blieb mir verborgen. Ich hatte gelernt, mit wenig auszukommen, aber nicht, wie ich das Wenige vermehren kann.

Erst als längst erwachsene Frau begann ich mich mit Geld zu beschäftigen und stellte fest, dass ich selbst lange argumentiert habe: »Geld ist mir nicht so wichtig, es gibt höhere Werte ...!« Diese Botschaft gab ich an meine eigenen Kinder weiter, wenn die Kinderkleidung wieder im Secondhand-Laden statt als neues Kleidungsstück gekauft wurde. Heute sehe ich dies anders: Ich habe mich »unter Wert« verkauft. Und mit dieser deprimierenden Wahrheit reihe ich mich ein in die große Gruppe von Frauen, die mit niedriger Rente werden auskommen müssen.

Als ich mich für ein Leben mit eigenen Kindern entschied, war mir nicht klar, dass diese Entscheidung auch wesentlich mit dem Faktor Geld zu tun hat. Laut Berechnungen des Statistischen Bundesamts kostet ein Kind bis zu seinem 18. Lebensjahr so viel wie ein kleines Einfamilienhaus.

Solche Kosen sind beeindruckend, kinderlose Menschen investieren dieses Kapital in Reisen, Wohnen, Hobbys und in Wertpapieranlagen.

Nüchtern betrachtet scheint Geld nur ein Geschlecht zu kennen: das männliche. Der Mann ist für die Geschäfte und die Geldangelegenheiten zuständig. Er entscheidet über den Abschluss von Lebensversicherungen, über die Höhe des Haushaltsgeldes auch heute noch in vielen Paarbeziehungen.

Die Lohnunterschiede nach Geschlecht werden im Bericht des Bundesamtes für Statistik von 2003 als »Dimension sozialer Ungleichheit« benannt: In der Privatwirtschaft verdienten Frauen 21 Prozent und in der Verwaltung 11 Prozent weniger bei gleicher Leistung.

Frauen sind als Gesamtgruppe ärmer als Männer: unbezahlte Hausarbeit, niedrigere Löhne, kein Grundbesitz, kein Kapital, das sich vermehrt. Der Armutsbericht der Bundesregierung von 2001 zeigt auf, dass vor allem alleinerziehende Frauen – und damit auch deren Kinder – mit Abstand dem höchsten Sozialhilferisiko ausgesetzt sind, da fehlende Kinderversorgungsstrukturen die Chancen auf Erwerbstätigkeit einschränken.

»So haben Alleinerziehende nicht nur ein erheblich unter dem Durchschnitt liegendes Einkommen, sondern auch seltener und in geringerem Umfang Vermögen. Dies zeigt sich bei Haus- und Grundbesitz ebenso wie beim Geldverkehr«, ergibt eine Analyse der Bundesregierung.[1]

Der Anteil der getrennt lebenden Kindsväter, die sich der den Kindern – nicht den Müttern – zustehenden finanziellen Beteiligung entziehen, ist gewaltig.

Frauen werden gelobt für Sparsamkeit und Bescheidenheit. Frauen, die einen »reichen Mann abgekriegt haben«, gelten dann auch als »Luxusweibchen«. Sie geben das vom Mann erarbeitete Vermögen aus. Viele Mütter hoffen heute noch, dass ihre Töchter eine »gute Partie« machen, von einem Mann »versorgt« werden. Aus dieser Tradition heraus lernen Mädchen und Frauen nicht mit Geld umzugehen.

Die reale Wahrscheinlichkeit, einen wohlhabenden Mann »zu ergattern«, ist eher gering und Mädchen, die nicht darauf vorbereitet werden, dass der Umgang mit dem selbst verdienten Geld mehr ist, als ein Sparkonto zu eröffnen, werden als Erwachsene von Anlageberatern ohne große Mühe zu Transaktionen überredet, die dem Berater wesentlich mehr Geldzuwachs bringen als den Anlegerinnen selbst. Frauen sind leicht zu täuschen, wenn ihnen die Grundkenntnisse der Ökonomie vorenthalten wurden.

Miese auf dem Konto – und dann?

Es gehört schon ein gehöriges Maß an Lebenserfahrung und Wissen dazu, sich nicht mehr über den Tisch ziehen zu lassen. Banken bieten jungen Menschen Überziehungskredite an, Ratenzahlungen sind die übereilteste Art, Wünsche zeitnah zu erfüllen.

Und dann, ganz plötzlich, schnappt die Schuldenfalle zu.

Im Juni 2004 startete die Bundesregierung eine Aktionswoche der Schuldnerberatung. In der Pressemitteilung erklärte Renate Schmidt: »Wer nicht in die roten Zahlen abgleiten will, muss seine finanziellen Verhältnisse richtig einschätzen können. Der Einstieg in die Schuldenspirale beginnt schleichend und oft schon im Jugendalter. Deshalb ist es wichtig, dass Kinder und Jugendliche den Umgang mit Geld von früh auf lernen – am besten in der Familie und unterstützt von der Schule.«[2]

Sechs Jahre zuvor forderte das Deutsche Aktieninstitut (DAI) in Frankfurt: Das Schulfach Ökonomie sollte in allen allgemeinbildenden Schulen in Deutschland eingeführt werden. »Ein Mindestmaß an ökonomischer Bildung muss jedem Bürger vermittelt werden, damit er seine Entscheidungen als Konsument und Anleger, Arbeitnehmer und Unternehmer, Wähler und Staatsbürger sachlich fundiert treffen kann«, betonte Rüdiger von Rosen, Sprecher des DAI.[3] Auch in dieser Aussage kommen Mädchen und Frauen nicht vor, es geht ausschließlich um »ihn«.

Wie sollen Lehrerinnen, die selbst ein gespaltenes Verhältnis zum Geld haben, den Schülerinnen und Schülern eine finanzielle Allgemeinbildung zukommen lassen?

Besonders deutlich wird diese gesellschaftliche Schieflage, wenn Frauen sich ihre Rentenansprüche ausrechnen lassen. Dann erst stellen sie fest, dass es von Vorteil gewesen wäre, in jungen Jahren sich mit der Steuer- und Rentenpolitik und Versicherungsbeiträgen auseinander zu setzen. Frauen haben in Lauf ihres Berufslebens im Schnitt 14.116,61 Euro mehr als Männer an private Versicherungen zahlen müssen und dies mit dem Argument, sie lebten länger.[4]

Die Finanzberaterin Helma Sick, Autorin von Finanzratgebern speziell für Frauen, erklärt, wie stark traditionelle Rollenbilder verhindern, dass Frauen einen eigenständigen Umgang mit Geldgeschäften entwickeln.

»Am Umgang mit Geld haben Frauen deutlich weniger Spaß als Männer, sie kümmern sich nur so viel wie nötig um ihre Geldanlage, sie kennen sich in Geldangelegenheiten weniger gut aus, sie treffen ihre Entscheidungen gründlicher, aber auch zögerlicher.«[5] Dies gelte grundsätzlich als Erfahrung für fast alle Frauen. In Partnerschaften geben Frauen dann die finanzielle Verantwortung an die Männer ab.

Eine Achtjährige erklärt mir, als ich sie frage, wie zu Hause über die Höhe ihres Taschengeldes entschieden wird: »Das macht mein Vater.«

»Dein Vater entscheidet allein?«

Ihre Antwort: »Mein Vater verdient viel mehr Geld und darum hat er da auch das Sagen!«

Wer das Kapital hat, hat die Verfügungsgewalt darüber und damit die Macht. Wenn Grundschulmädchen diese Logik schon übernehmen, scheinen sie Mütter zu haben, die dies selbst so sehen.

Wenn Frauen mir gegenüber argumentieren, Rechnen sei nie ihre Stärke gewesen und die Rollenteilung fänden sie praktisch, dann zitiere ich folgende Statistik, die mir Helma Sick zur Verfügung stellte:

»Bei Frauen, die in einer Partnerschaft leben, finden 89%, dass ihr Partner das gemeinsame Geld sinnvoller verwaltet, denken 89%, dass ihr Partner sie auch für das Alter gut absichert, glauben 70%, dass sie, auch wenn ihre Ehe nicht hält, im Alter ausreichend abgesichert sind.«[6]

Immer noch ist es Frauen regelrecht peinlich, wenn ihnen empfohlen wird, die Familienkonten unter die Lupe zu nehmen. Sie empfinden dies als Misstrauensgeste ihrem Partner gegenüber. Sie fallen dann aus allen Wolken, wenn sie bei Scheidungen nicht einschätzen können, welche Vermögenswerte im Laufe der Ehe auf ihnen bis dahin unbekannten Konten gelagert wurden.

Geld in Kinderhänden

Auch hier gilt, wie in allen anderen Kommunikationsebenen, dass sich Töchter und Söhne an elterlichen Botschaften orientieren. Die Söhne lernen: Männer können mit Geld umgehen und Frauen nicht. Die Töchter lernen: Frauen halten sich aus Geldentscheidungen raus, Männer haben das Sagen. Mädchen und Jungen erlernen so von klein auf, dass der Umgang mit Geld für beide Geschlechter ein unterschiedlicher ist. Und sie erleben es an der eigenen Person, wenn es um die Höhe des Taschengeldes geht.

Die Zeitschrift *spielen und lernen* hat festgestellt, dass Mädchen im Schnitt vier Euro weniger Taschengeld pro Monat bekommen als Jungen. Nur im Alter von 12 und 13 Jahren ist das Taschengeld gleich hoch. Vom 14. Lebensjahr an bekommen die Jungen dann wieder mehr. Diese aberwitzige Situation kommt nicht von ungefähr.

Von Müttern höre ich z.B.: »Mein Sohn soll früh lernen, mit Geld umzugehen. Schließlich muss er später eine Familie ernähren können.« – »Meine Tochter soll für später lernen, dass genau überlegt werden muss, was eingekauft wird. Die Haushaltskasse zu führen ist schließlich eine verantwortliche Aufgabe, da muss sie früh sparen lernen.«

Hier wird mit zweierlei Maß gemessen. Die Intention: lernen, mit Geld umzugehen, ist richtig. Dem Sohn aber einen größeren Spielraum zum Üben zu genehmigen als der Tochter, ist in meinen Augen unredlich.

Als Hilfestellung für Eltern haben die deutschen Jugendämter altersabhängige Taschengeldregelungen empfohlen. Die wöchentlichen Geldgaben an Kinder sähen im Idealfall dann so aus:

2–5 Jahre:	0,5 € wöchentlich maximal
6–7 Jahre:	1,5 € wöchentlich; maximal: 2,– €
8–9 Jahre:	2,– € wöchentlich; maximal: 2,5 €
10–12 Jahre:	10,– € monatlich
13–15 Jahre:	20,– € monatlich[7]

In den Medien wird immer wieder darüber berichtet, wie sehr sich Kinder und Jugendliche verschulden: Den Umgang mit einem Handy zu erlernen muss auch beinhalten, sich der beim Smalltalk anfallenden Kosten bewusst zu sein.

Kinder müssen verstehen, dass das Geld, das sie ausgeben, von beiden Elternteilen erarbeitet worden ist (eben auch von der »Hausfraumutter«). Sie müssen lernen, dass jeden Monat Kosten durch Miete, Strom, Telefon, Versicherungen, Arztbesuche etc. anfallen. Sachliche Informationen sind hilfreich, moralische Appelle wie »Du treibst uns noch in den Ruin!« dagegen ohne Wirkung. Sie erzeugen höchstens ein kurzzeitig schlechtes Gewissen, doch dadurch lernt ein Kind nichts.

Erwachsene argumentieren, wenn ich Projekte zum Themenkomplex »Geld« vorschlage, oft folgendermaßen:

»Das verstehen Kinder nicht!« – »Warum wollen Sie den Kleinen die Kindheit nehmen, sie werden sich noch lange genug mit Geldproblemen herumschlagen müssen!« – »Mein Kind soll sich nicht am Geld, sondern an den menschlichen Werten orientieren!«

Im Grundgedanken sind dies die gleichen Vorbehalte, die in den Köpfen Erwachsener entstehen, wie beim Thema Berufstätigkeit.

Donata Elschenbroich ist bei der Arbeit zu ihrem Buch *Weltwissen der Siebenjährigen* auf ähnliche Vorbehalte gesto-

ßen. Auch ihr gegenüber wurde immer wieder betont, dass Kindheit glücklich, unbelastet stattfinden soll:
»Problemlösungsbereitschaft, Kooperationsfähigkeit, Lernen zu lernen – dass die Voraussetzungen dafür bis in die frühe Kindheit zurückreichen, daran zweifelt eigentlich niemand mehr [...] Nur: Bei welchen Gelegenheiten, und wie baut man solche Fähigkeiten auf? Da braucht es konkrete Anregungen für spontane und geplante Bildungsangelegenheiten, Bilder, Beispiele, die das Mögliche als realisierbar vorstellen.«[8]

Arbeit, Spaß und Geld – kindliche Erkenntnis

Mit Kindern über den Zusammenhang von Berufstätigkeit und Geld zu sprechen, kann geplant, aber auch ungeplant zu überraschenden Dialogen führen. Ich erinnere mich an eine Begegnung mit Vorschulkindern, deren Verlauf ich hier wiedergebe:

ICH SITZE IN EINER Kindertageseinrichtung und notiere Beobachtungen. Maria, fünf Jahre, bleibt neben mir stehen, beugt sich über meine Notizen, sieht dann zu mir hinauf: »Warum machst du das?«
»Was meinst du?«
»Na, das hier«, mit einer ausladenden Armbewegung zeigt sie in den Raum hinein, »bei uns hier.«
»Ich gucke und höre, wie es euch als Mädchen und Jungen so ergeht. Ich sammle, was ihr Kinder erzählt, schreibe dies auf und erzähle es den Menschen, die für Kinder zuständig sind. Das ist meine Arbeit, mein Beruf.«

»Das ist eine Arbeit, dass du hier bist und mit uns redest?«

»Ja, mit dieser Arbeit verdiene ich mein Geld. Davon bezahle ich meine Wohnungsmiete, mein Essen, meine Kleidung und was ich sonst noch so brauche.«

»Damit kannst du Geld haben, dass du mit mir redest?«

»Ja, so ist es und es macht mir Spaß!«

»Du machst eine Arbeit und es macht dich fröhlich?«

»Genauso ist es. Es ist angenehm für mich, dass du zu mir kommst und mit mir sprichst.«

Maria sieht mich aufmerksam an, legt ihre Hand neben meine auf den Tisch. »Das stimmt! Eine Arbeit, die Spaß macht, das will ich auch mal werden!«

Sie strahlt, hüpft von einem Bein auf das andere, dreht sich zu drei Mädchen um, die schräg neben uns an einem Tisch malend sitzen, und ruft hinüber: »Lisa, die Frau macht eine Arbeit hier und damit kauft sie sich was und ist auch noch froh!«

Drei Mädchen sehen mir ins Gesicht: »Ist das wahr?«

Sie messen mich ernsthaft mit ihren Blicken von Kopf bis Fuß. Ich muss über diese Eindringlichkeit lachen und die Mädchen lachen mit. Die angesprochene Lisa wird wieder ernst: »Meine Mama ist immer müde von der Arbeit!«

Ein anderes Mädchen nickt: « Meine auch!«

»Müde bin ich auch oft, wenn ich von der Arbeit nach Hause komme. Aber trotzdem mache ich meine Arbeit gern. Habt ihr eure Mütter schon einmal gefragt, was sie arbeiten und ob sie Freude an der Arbeit haben?« Erstaunt schütteln die vier ihre Köpfe.

»Na, da habt ihr heute Abend ja eine prima Frage für eure Mütter.«

Ein Junge kommt zu uns an den Tisch geschlendert. Durch unser Lachen auf uns aufmerksam geworden, will er nun wissen: »Was ist denn hier los!?«

Maria, die wieder neben mir steht, legt ihre Hand auf meine Schulter und sagt: »Wir reden über Frauenarbeit, da kannst du nicht mitreden!«
Der Junge zuckt mit den Schultern und geht zurück zu seinen Freunden.
»Wie kommst du denn auf das Wort ›Frauenarbeit‹?«, frage ich Maria erstaunt.
»Na, wenn du eine Frau bist und eine Arbeit hast und Spaß und dir selber was kaufen kannst, dann ist das doch eine Frauenarbeit!«

Kinder können so erstaunlich praktisch denken. Sie sehen, hören, fragen nach, vergleichen und erweitern ihr Erkenntnisspektrum. Maria wird dieses »Aha«-Erlebnis vielleicht wieder einfallen, wenn sie selbst einmal berufstätig ist.

Auf einen Blick

Frauen sind als Gesamtgruppe ärmer als Männer. Frauen verdienen für gleiche Arbeiten weniger Geld. Mädchen werden häufig zum Sparen, Jungen zum Spekulieren erzogen. Frauen geben sich mit emotionalem Lohn zufrieden, Männer erwarten Macht und Prestige. Beide Geschlechter benötigen im Aufwachsen sachliche Informationen über die anfallenden Lebenskosten des Alltags. Die Fähigkeit des sachlichen, kompetenten Umgangs mit Geld hat nichts mit dem Geschlecht zu tun.

Gender Mainstreaming heißt in diesem Zusammenhang auf institutioneller Ebene zum Beispiel:
- Abbau der Lohnunterschiede von Männern und Frauen.
- Banken und Versicherungen beraten Frauen und Männer in Geldanlagen gleich fair.
- Gehaltseingruppierungen orientieren sich an Zuständigkeiten für Kinder, nicht am Status Ehe oder Geschlecht.
- Ökonomie wird als Unterrichtseinheit von der Grundschule an altersspezifisch verständlich vermittelt.

Im Alltagsleben bedeutet Gender Mainstreaming in diesem Zusammenhang zum Beispiel:
- Beide Geschlechter bekommen in der Kindheit das gleiche Taschengeld.

- Frauen und Männer legen ihre Finanzen in Beziehungen offen.
- Frauen sorgen für ihre eigene Altersversorgung.

Praxisideen:
- Ordnen Sie Ihre Finanzen.
- Wenn Sie Kinder haben, dann lassen Sie Ihre Kinder an diesem Prozess teilnehmen. Erklären Sie, was sich hinter den Worten Miete, Nebenkosten, Versicherungen etc. verbirgt.
- Erinnern Sie sich: In welchen Märchen Ihrer Kindheit ging es auch um Geld?
- Nehmen Sie einen Taschenrechner mit, wenn Sie mit Kindern einkaufen gehen. Zeigen Sie, welche der kindlichen Wünsche für 10 Euro als Limit zu haben sind. So lernen Kinder, Preise zu vergleichen.
- Richten Sie in Kindergärten/Horten Spielzeug-Tauschbörsen ein.

Wie wir wurden, was wir sind

In den vorigen Kapiteln schilderte ich Ihnen Beispiele der weitreichenden Auswirkungen unserer kollektiven Prägung als Frau, als Mann. Noch immer wird relativ starr vorgegeben, wie wir zu sein haben. Statt eines fröhlichen, neugierigen Miteinanders, in dem über Irritationen gelacht werden kann, bereiten wir den nachfolgenden Generationen den Boden für Beziehungstragödien. Uns fehlen im Alltag unkonventionelle Vorbilder beiderlei Geschlechts, die wir nachahmen können.

Zu Anfang des Buches habe ich Ihnen einen Geschlechtertausch angeboten, Ihnen dann aufgezeigt, wie wesentlich unser aller Vorbildverhalten sich auf die Wahrnehmung von Kindern auswirkt, geschildert, wie unterschiedlich derzeit in Deutschland die Angebote der Lebensgestaltung für Mädchen, Jungen, Frauen und Männer aussehen, Sie schließlich mitgenommen in die Welt des Sportes, der Arbeit und der Verteilung von Geld und Macht.

Wahrscheinlich haben Sie an einigen Textstellen festgestellt, dass Sie das Geschilderte kennen, sich darin wiederfinden.

Andere Beobachtungen werden Ihnen an den Haaren herbeigezogen wirken, weil sie Ihren bisherigen Lebenserfahrungen nicht entsprechen. Dies kann sowohl mit Ihrem momentanen Lebensalter als auch mit Ihrer realen Lebenssituation zu tun haben.

Deshalb begleiten Sie mich nun noch einmal zurück an den Anfang, zurück in die ersten Lebensjahre und zu den

Erfahrungen, die ein Kind mit der Geschlechterprägung macht.

Im Bauch sind alle gleichwertig

Noch besser, wir gehen zurück in die Zeit, als Sie selbst noch ein »Bauchbaby« waren. Sie schwammen im Fruchtwasser, geschützt im Körper Ihrer Mutter. Ihnen war es herzlich egal, welche Geschlechtsorgane sich in Ihrem Körper entwickelten.

Sie können sich nicht an diese Monate erinnern, aber fest steht: Sie übten schon Bewegungsabläufe, träumten, reckten und streckten sich. Sie lutschten an Ihrem Daumen, fühlten sich wohl, wenn es Ihrer Mutter gut ging, und unwohl, wenn sie gestresst und unglücklich war.

Schon ganz früh, ungefähr ab der 20. Lebenswoche, konnten Sie hören, denn Ihre Ohren reagierten auf Geräusche von außen.

Ein holländisches Forscherpaar beschreibt, welche Töne uns alle erreichten, als unsere Ohren ab der 30. Woche mit dem Gehirn verbunden waren. Wir hörten zwar alles gedämpft, aber nahe Geräusche kamen bei uns an. Im siebten Bauchmonat erinnerten wir uns an Geräusche, konnten Stimmen unterscheiden und wiedererkennen.

Ich bringe hier das Beispiel des Hörens, weil das Forscherpaar schildert, wie gleichwertig die Stimmen von Frauen und Männern bei uns ankamen: »Bei sehr hohen Lauten war keine Reaktion festzustellen. Die Töne unterhalb des eingestrichenen C auf dem Klavier werden vom Baby mehr oder weniger normal gehört. Außerdem kann es alle menschlichen Stimmen hören, egal ob von Männern oder Frauen.«[1]

Dies bedeutet: Wenn männliche und weibliche Stimmen ein Wohlempfinden im Bauchbaby auslösen, wird es diese emotionale Erfahrung auch als gegeben ins eigenständige Leben mit hinübernehmen. Männerstimmen sind meist tiefer als Frauenstimmen; wenn beide mit dem Bauchbaby sprechen, erlebt es beide gleichermaßen als Zuwendung.

Ich selbst habe diesen Unterschied als Erwachsene als eigenes Körpergefühl erlebt. Lange Zeit waren die Teilnehmenden meiner Fortbildungsangebote überwiegend weiblich. Wenn ich nach einer Pause zurück in den Seminarraum kam, dann schwirrten die hohen Frauenstimmen durch die Luft. Ein eher quirliges Empfinden in meiner Wahrnehmung. Vor Jahren leitete ich ein Seminar für Priester. Dort erlebte ich erstmals, wie viele gleichzeitige Männerstimmen im Raum wirken: Ich hörte gleichmäßige Stimmen, die mir ein Gefühl von Gelassenheit und Konzentration vermittelten. Tiefe, warme Töne erreichten mich. Diese Erfahrung wiederholte sich zu einem anderen Zeitpunkt mit einer Gruppe männlicher Pädagogen. Später schilderte ich diese Wahrnehmung in einer Fortbildung und erfuhr von einer Teilnehmerin, die Theologie studiert hatte, dass auch sie dieses Gefühl kennt, denn ihre Kommilitonen waren alle männlich.

Als Bauchbaby haben Sie diese unterschiedlichen Stimmlagen noch nicht einem Geschlecht zugeordnet. Somit ist der Anfang für beide Geschlechter gleich. Diese Selbstverständlichkeit könnte nun für uns als Neugeborene so weitergehen, wenn Frauen und Männer gleichermaßen um uns herum wären. Doch plötzlich hören wir viel häufiger die weiblichen Stimmen, wenn die Eltern in traditioneller

Rollenverteilung leben. Die weibliche Stimme wird dann all unseren Bedürfnissen zugeordnet: Körperkontakt, Nahrungsaufnahme, Tröstung und Bestätigung.

Übernimmt aber eine männliche Stimme diese Zuwendungen, dann fragt sich ein Baby nicht, ob der Mann dazu fähig ist – es genießt und findet dies selbstverständlich.

Die Chromosomen-Verwirr-Debatten

Erinnern Sie sich – wir unterscheiden zwischen dem biologischen Geschlecht (Sex) und dem sozialen (Gender).

Theoretisch zumindest, im wirklichen Leben ist es den meisten Erwachsenen noch nicht so klar.

Ihre Eltern haben sich vielleicht einen Sohn gewünscht und Sie wurden eine Tochter. Oder in Ihrer Familie gab es schon Töchter und endlich sollte ein Sohn dazukommen.

Wie sehr sich das von Eltern erwünschte Geschlecht auf das Verhalten von Kindern auswirken kann, schildern mir immer wieder Frauen: »Mein Vater wollte unbedingt einen Jungen und so hat er mich wie einen Jungen behandelt. Als kleines Kind habe ich dies nicht bemerkt, erst später, als die Lehrerin schimpfte: ›Wann lernst du endlich, dass du ein Mädchen bist?‹«

Heutzutage wissen viele zukünftige Eltern schon in der Schwangerschaft, welches Geschlecht ihr Kind haben wird.

Was tun sie? Sie richten das Kinderzimmer dem zu erwartenden Geschlecht entsprechend ein: Irgendwo im Raum wird Rosa oder Himmelblau auftauchen. Und so registrieren alle Erwachsenen sofort, ob im Babybett ein Mädchen oder ein Junge liegt.

»Die Klassifizierung in weiblich oder männlich erfüllt die Funktion eines ›Wegweisers‹, der uns erste Auskünfte darüber gibt, mit wem wir es zu tun und wie wir uns zu verhalten haben«, erklärt der Geschlechterforscher Enrico Violi und fährt fort: Diese Klassifizierung »stellt ein Unterscheidungsprinzip dar, das dazu dient, unseren alltäglichen Lebenszusammenhängen eine sinngebende und handlungsanleitende Ordnungsstruktur zu verleihen. Ohne diese Ordnungsstruktur wären wir mit einer Fülle von Informationen über unsere Umwelt konfrontiert, die unsere Auffassungsgabe und Handlungsfähigkeit überfordern würde.«[2]

Wir haben es gern einfach, überschaubar, das Leben. Konstruieren uns eigene Wahrheiten, damit wir nicht ständig nachdenken müssen. Wir stecken die Menschen in Schubladen und erwarten dann auch, dass sie sich darin angemessen verhalten. Wenn auf der Schublade für Frauen »nett, freundlich, sozial« steht – und viele Frauen sehen sich selbst so – dann wehe den Frauen, die diese Schublade als Gefängnis empfinden.

Sie können dieses Schubladendenken an sich selbst überprüfen. Gucken Sie in einen Kinderwagen, schätzen Sie das Geschlecht des Kindes und spüren Sie, was Sie empfinden, wenn das Kind schreit.

Reagieren Sie unterschiedlich oder gleich bei Mädchen und Jungen? Enrico Violi zitiert eine Studie, in der Versuchspersonen aufgefordert wurden, einen fremden Säugling zu beschreiben. Obwohl es sich dabei jedes Mal um dasselbe Kind handelte, wurde es, je nachdem, ob man den Versuchspersonen vorher mitgeteilt hatte, dass es ein Mädchen oder ein Knabe sei, als »typisch Mädchen« oder als »typisch Junge« wahrgenommen. Gehen die beobachtenden Personen bei einem schreienden Baby von einem Mädchen aus, wird das Schreien als »ängstlich«, beim Jungen als »zornig« beschrieben.

Als Junge konnten Sie also schreien und Ihre Umgebung lächelte anerkennend, denn Kraft und Durchsetzungsvermögen wurden Ihnen schon zugeordnet, als Sie selbst diese Fähigkeiten noch gar nicht bewusst einsetzen konnten.

Als Mädchen konnten Sie noch so kraftvoll und willensstark schreien, wie Sie wollten, wahrscheinlich reagierte Ihre Umwelt eher besorgt als begeistert.

Wir alle konnten es uns nicht aussuchen, ob wir als weibliches Wesen mit der XX-Chromosomen-Anordnung oder mit der männlichen XY-Anordnung geboren wurden, auch unsere Mütter hatten darauf keinen Einfluss. Lange Zeit hindurch bestand Unkenntnis über den Zusammenhang zwischen Zeugung und Empfängnis. Fantasien und Mythen begründeten das Werden des Menschen. Die Verknüpfung zwischen dem Geschlechtsakt und dem Entstehen einer Schwangerschaft wurde erst im Mittelalter hergestellt. Die Tatsache, dass der Mann durch seine Spermien das Geschlecht des gezeugten Kindes vorgibt, wird noch heute geleugnet, wenn Frauen in einigen Kulturen von ihren Ehemännern verstoßen werden, weil sie »nur« Mädchen zur Welt bringen. Im Gegensatz zur »Mutterschaft«, die immer eindeutig ist, muss die »Vaterschaft« im Streitfall durch einen Gentest erst bewiesen werden.

KLEINEN JUNGEN wird vermittelt, dass sie ein »starker Mann« werden. Schon die Kindergartenjungen gehen selbstverständlich davon aus:

»Wenn ich groß bin, dann habe ich ganz viel Muskeln und bin so stark wie ein Riese«, erklärt mir stolz ein Vierjähriger.

»Was wirst du mit deiner Kraft anfangen?«
»Ich mache alle bösen Menschen tot.«
»Woran erkennst du, dass ein Mensch böse ist?«
»Der macht immer andere Menschen tot und das ist gemein.«
»Wenn du Menschen tot machst, ist das nicht gemein?«
»Nein, ich bin ja ein guter Starker!«
So einfach ist die Logik eines Vierjährigen.

Kleine Mädchen bis zum Alter von vier Jahren gehen häufig noch davon aus, dass sie gleich stark wie die Jungen ihrer Altersgruppe sind. Sie sind es ja auch, wenn sie ausreichende Möglichkeiten hatten, ihre Muskelkraft zu stärken. Doch dann hören sie, dass eine Frau Busen hat, um ihre Kinder zu stillen.

Nicht für alle Mädchen ist dies selbstverständlich:

EIN FÜNFJÄHRIGES MÄDCHEN antwortet mir auf meine Frage, was es einmal werden wolle: »Wenn ich Busen kriege, werde ich Mutter, wenn nicht, Lehrerin.«

Ich erkläre dem Mädchen, dass alle Frauen Brüste kriegen, auch die Lehrerinnen.

»Mal sehen«, sagt darauf das Mädchen, »vielleicht geht ja bei mir alles Blut in den Kopf, dann kann ich besser denken und brauche keinen Busen, der stört doch nur, wenn ich auf dem Bauch liegen will.«

Fest steht, dass männliche und weibliche Hormone (Testosteron und Östrogene) unterschiedliche Auswirkungen auf die Entwicklung und Funktionen des Körpers haben. Bis in die 70er-Jahre des letzten Jahrhunderts waren es fast ausschließlich Männer weißer Hautfarbe und Angehörige der

> *"Eine Frau ist ein Mann, dem etwas fehlt."* [Zitat ins Referat!]

Mittelschicht, die als Wissenschaftler Theorien entwickelten. Sie gingen von ihrem eigenen männlichen Weltbild aus: Normal ist der Mann, die Abweichung von dieser Normalität ist die Frau. Doch weshalb sollte dem weiblichen Geschlecht etwas fehlen? Wenn etwas fehlt, entsteht ein Mangel. Diese Deutung ist bewertend, nicht wissenschaftlich neutral. Die Biologin Ruth Hubbard umschrieb diese Deutungsweise mit der Feststellung: »›Natur‹ wurde und wird konstruiert anstatt entdeckt; ihre ›Wahrheiten‹ werden nicht gefunden, sondern von Wissenschaftlern gemacht. Mithin ist ›Natur‹ Teil von Kultur und Geschichte und nicht umgekehrt.«[3]

Der Zeitschrift *Spiegel* war »Das Y-Chromosom – warum gibt es eigentlich Männer« im Herbst 2003 eine Titelstory wert. Darin wies auch der britische Genetiker Steve Jones auf die Deutungsmöglichkeiten wissenschaftlicher Aussagen hin: »Zum Beispiel klingt es ja erst einmal einleuchtend, dass Testosteron aggressiv macht und zum Vergewaltiger. Hunderte von wissenschaftlichen Veröffentlichungen legen das nahe. So weit, so gut. Aber es gibt eben auch Hunderte anderer Publikationen, die genau das Gegenteil aussagen. Wenn's sich um Männer dreht, dann kann man sich die Tatsachen offenbar zusammensuchen, wie's einem passt. In diesem Ausmaß habe ich das in der Wissenschaft selten erlebt.«[4]

Merken Sie, wie emotional die Diskussion um männliche und weibliche Charakteristika geführt wird? Beweise und Gegenbeweise werden angeführt, um das eigene Bild von Frau und Mann bestätigt zu sehen. Gibt es gar keine Gemeinsamkeiten?

Die Wissenschaftsjournalistin Susan Gilbert stellt fest: »Wir sprechen von ›männlichen‹ und ›weiblichen‹ Hormonen, aber diese Vorstellung ist irreführend. Im männlichen und im weiblichen Körper sind immer beide Geschlechtshormone vorhanden.«[5]

Ich bin keine Naturwissenschaftlerin, misstraue dem derzeitig wieder aufflammenden Ruf, »so sind halt die Männer – so sind halt die Frauen ...«. Ich orientiere mich an dem, was ich sehe und im Alltag erlebe: Mädchen und Jungen, Frauen und Männer sind Individuen. Nehme ich jedes Geschlecht für sich, finde ich alle denkbaren Begabungen und Verhaltensweisen in dieser geschlechtshomogenen Gruppe.

Wenn Sie als Frau oder Sie als Mann sich jeweils 20 Personen des eigenen Geschlechtes vorstellen, werden Sie viele Unterschiede zwischen diesen Menschen feststellen. Und das ist gut so! Inwieweit die Geschlechtschromosomen über unsere Zukunft entscheiden, hängt also wesentlich davon ab, was uns als Mädchen oder Junge erlaubt und verboten wurde.

Schließen Sie doch bitte einen Moment die Augen und sperren Sie Ihre Ohren weit auf: Welche elterlichen Botschaften steigen sofort in Ihrer Erinnerung hoch? Waren es fröhliche Unterstützungsausrufe, ängstliche Vorbehalte oder massive Reglementierungen? Egal ob Sie Frau oder Mann geworden sind, jedes Geschlecht verfügt über das entsprechende Repertoire. Wir haben es sozusagen mit einem Kanon der Geschlechtszuschreibungen zu tun. Und die frühesten Botschaften haben sich am tiefsten in Ihr Unbewusstes hineingegraben.

Wie sich die Geschlechtszugehörigkeit entwickelt

Sehen wir uns die aufeinander folgenden Entwicklungsphasen eines Kindes genauer an. Dabei werden Sie merken, dass die Bezugspersonen schon sehr früh kindliches Verhalten unterschiedlich bewerten und Mädchen und Jungen damit auf bestehende Rollen und Muster festlegen.

Als Babys hatten wir alle die gleichen Bedürfnisse. Wir hatten Hunger, uns war kalt oder warm, wir wollten Aufmerksamkeit und emotionale Zuwendung. Wir reagierten mit Wohlempfinden, Angst oder Schrecken. Von Anfang an entwickelte sich unser emotionales Gedächtnis. Wir speicherten unsere Gefühlserfahrungen.

Wir sammelten, was uns geboten wurde, und daraus entstanden erste Realitäten. Wir konnten noch nicht vergleichen, das, was war, war normal.

Für uns als Babys war es egal, ob »Mutter« oder »Vater« unsere biologischen oder sozialen Eltern waren. Und deshalb sind soziale Eltern im Folgenden immer mit gemeint.

Bis zum fünften Lebensmonat befanden wir uns in der »symbiotischen Phase«, erlebten uns als Einheit mit der Mutter. Die Psychoanalyse beschreibt diesen Zustand als »Undifferenziertheit«, das heißt, wir unterschieden noch nicht zwischen Innen- und Außenwelt. Im Alter von zwei Monaten konnten wir die Annäherung eines Menschen schon optisch wahrnehmen. Unsere Sinne waren so weit entwickelt, dass wir Gerüche, Stimmlage, Herzschlag, Körperformen unbewusst zuordneten. Das bedeutet: Wir sammelten erste geschlechtsspezifische Erfahrungen. Die höhere Stimme ist hierfür, die tiefere dafür zuständig. Wir lernten also, sichtbare, hörbare, riechbare und spürbare Muster oder Schemata wiederzuerkennen. Nach wenigen Monaten oder sogar Wochen konnten wir die eigene Mutter, den eigenen Vater von anderen Erwachsenen unterscheiden.

Unser Körperbewusstsein entstand durch Berührung, so konnten wir unsere leibliche Hülle spüren lernen. In unserer Kultur gehen die Menschen sehr auf körperliche Distanz und dies hat Folgen:

»Viele Gründe ließen sich anführen, warum wir uns immer weniger berühren und in unserer Haut ›verdorren‹: eine Überbewertung der Hygienevorstellungen, eine Gewichtung von Geist und Körper, Angst vor gewaltsamen Berührungen, sexuelle Belästigungen etc. macht dies möglich«, erklärt die Therapeutin Marianne Frostig. Die Abwesenheit liebevoller Berührung ist für sie einer der Gründe späterer Gewaltbereitschaft: »Deutlich zeigt sich der Unterschied berührungsfeindlicher und berührungsfreundlicher Völker. So wurde in Untersuchungen herausgestellt, dass die USA als berührungsfeindlichstes Land auch eine höhere Gewaltrate aufweist. In Frankreich hingegen, wo der Körperkontakt schon bei der Begrüßung selbstverständlich ist, ist auch die Gewaltrate wesentlich geringer.«[6]

Je nachdem, welche Berührungen ein Baby erfährt: zärtlich, weich und wohlig oder bedrohlich, schmerzhaft oder gar gewalttätig, wird es im Laufe der Kindheit körperlichen Kontakt mögen oder meiden.

Ab dem sechsten Lebensmonat verfügten wir schon über viele Wahrnehmungserfahrungen und begannen zu differenzieren: Ich bin etwas »anderes« als die Bezugspersonen. »Die ersten Erfahrungen über die eigene Existenz macht das Kind über seine Sinnessysteme; es lernt seinen Körper, seine

Stimme, seine Körpergrenzen und seine Lage im Raum kennen. Durch diese ersten Erfahrungen lernt es auch zwischen dem eigenen Körper und anderen Gegenständen und Personen zu unterscheiden, die Körperempfindungen hervorrufen. Über diese Erfahrungen entwickelt es ein Empfinden für seine Fähigkeiten, was es kann bzw. nicht kann, von Erfolg und Misserfolg. Körperliche Aktivitäten, die über diese Erfahrungen führen, zeigen dem Kind, dass es selbst etwas bewirken kann – ein erster Schritt zur Selbstständigkeit.«[7]

Innerhalb der ersten zwölf Lebensmonate wurde unsere Fähigkeit, Bindungen einzugehen, aufgebaut. Wenn eine vertrauensvolle Beziehung zwischen der Mutter und uns entstand, konnten wir Selbstvertrauen entwickeln. Eine kontinuierliche Bindung zwischen uns und einem Vater führte zum gleichen Ergebnis.

Wurde Ihnen von Ihren Eltern später erzählt, dass Sie plötzlich schrien, wenn die Eltern Besuch bekamen? Dieses Verhalten tritt bei vielen Kindern etwa im Alter ab acht Monaten auf. Sie »fremdeln«, klammern sich an die Mutter/den Vater: »Das Kind lernt wahrscheinlich allmählich, dass in unserer Kultur ein großer Unterschied gemacht wird zwischen denen, die dazugehören – die Wärme, Trost und Nahrung geben –, und denen, die nicht dazugehören, von denen man Befriedigung der Bedürfnisse nicht erwarten kann, ja vielleicht sogar Böses befürchten muss.«[8]

Am Ende des ersten Lebensjahres konnten wir schon sehr genau unterscheiden, welches Verhalten von uns erwünscht war und welches abgelehnt wurde. Waren Sie ein Mädchen, wurden Sie häufiger auf den Arm genommen als ein Junge. Mit Ihnen als Mädchen wurde mehr gesprochen, aber Sie als Junge durften sich schon weiter von der Mutter entfernen als ein Mädchen.

Nun beginnt das zweite Lebensjahr: Vom 12. bis zum 18. Monat befanden wir uns in der »Übungsphase«, wir wurden selbständiger – mobiler. Wir wollten die Welt erkunden, egal, ob wir Mädchen oder Junge waren. Wer uns in dieser Zeit beobachtet hat, stellte fest, dass wir schon in diesem frühen Lebensalter als Mädchen die Mutter, als Junge den Vater nachahmten. Und somit begannen wir jetzt schon, uns selbst einem Geschlecht zuzuordnen.

Auch wenn wir die an uns gerichteten Worte noch nicht in ihrem Ausmaß verstanden, blieben sie als prägende Botschaften im Gedächtnis hängen, denn Worte wurden durch die emotionalen Zuordnungen als positiv oder negativ abgespeichert.

Mir persönlich läuft ein unguter Schauer über den Rücken, wenn Mütter zu ihren zweijährigen Söhnen »Mein Männle« oder »Mein starker Mann« und Väter zu ihren Töchtern »Meine Lieblingsfrau« oder »Mein Weibchen« sagen.

Söhne und Töchter sind nie »mein«, sie sind eigenständige Wesen und diese geschlechtstypischen, besitzergreifenden Zuschreibungen sind unangemessen.

Nun geht es zügig voran mit den unterschiedlichen Botschaften an Mädchen und Jungen: Die Jungen werden in diesem Alter darin unterstützt, den räumlichen Umkreis zu erweitern. Sie werden auf Interessantes aufmerksam gemacht, ihre Freude an eigenen körperlichen Fähigkeiten wird bewundert und bestätigt: »Ganz schön mutig, der Kleine ...!«

Mädchen dagegen werden eher abgebremst, gehemmt: »Das ist zu gefährlich!« Wie soll ein Mädchen Zutrauen in die eigene Körperbeherrschung gewinnen, wenn Erwachsene ihm sofort zu Hilfe eilen oder das Ausprobieren verbieten, wenn ihm irgendetwas nicht gleich auf Anhieb selbst gelingt?

Andererseits, da mit uns Mädchen mehr gesprochen wurde, verstanden wir auch schon mehr Wörter als die Jungen.

Dieser unterschiedliche – meist unbewusst stattfindende – Umgang mit Jungen und Mädchen trägt mit dazu bei, dass Jungen sich selbstbewusster bewegen, Mädchen kommunikativer werden. Beide Geschlechter werden so in »typische« Erwartungshaltungen hineingedrängt.

Je weiter wir uns nun schon entfernten, auf Entdeckungsreise gehen konnten, desto plötzlicher verloren wir den Überblick und bekamen Angst: »Mama, wo bist du?!«

Für beide Geschlechter ist der Vater jetzt sehr wichtig. Wenn er zur Stelle ist, Sicherheit gibt, kann das Kind die Distanz zur Mutter aushalten und erweitern – wenn die Mutter dies zulässt.

Loslassen können Frauen dann, wenn sie in ihr persönliches Drehbuch neben der Mutterrolle noch andere lebenswerte Inhalte aufnehmen. Wenn im männlichen Drehbuch ausschließlich die Rolle des abwesenden Ernährers charakterisiert wird, bleiben Fürsorglichkeit und emotionale Zuständigkeit ausgespart.

Unsere Eltern und deren Lebensinszenierung konnten wir uns nicht aussuchen. Wir Kinder folgten den natürlichen Entwicklungsimpulsen. Wir wiederholten nun begeistert Erlerntes. Wir probierten aus, verbrannten uns die

Finger, schnitten uns an scharfen Gegenständen und konnten uns über einen längeren Zeitraum mit den gleichen Dingen beschäftigen. Erinnern Sie sich an die unterschiedlichen Beschäftigungsangebote, die ich im Kapitel über Spielzeug schilderte?

Renate Niesel, Mitarbeiterin des Staatsinstituts für Frühpädagogik, schildert die Bedeutung der Entwicklungsumgebung für Mädchen und Jungen: »Schon mit 18 bis 20 Monaten beginnen Kinder Spielzeug auszuwählen, das gemeinhin als typisch für Jungen beziehungsweise Mädchen eingestuft wird. Bereits ein erstes Erkennen des Geschlechts geht einher mit einer geschlechtsbezogenen Informationsverarbeitung. Dahinter steckt wahrscheinlich die Motivation, Mitglied der eigenen geschlechtlichen Gruppe mit den dazugehörigen Merkmalen (z.B. geschlechtstypisches Spielzeug) zu werden.«[9]

Haben Sie noch Ihr wichtigstes Kuscheltier, dieses im Laufe der Zeit für andere unansehnlich gewordene intimste Wesen? Egal, ob Mädchen oder Junge, ein Kuschelwesen wollten wir alle.

Nicht nur die Eroberung der Umwelt war angesagt, wir gingen auch auf die Entdeckungsreise zu unserem Körper. Wenn wir nackt waren, entdeckten wir das kribbelige, angenehme Gefühl, wenn unsere Hände zwischen den Beinen aktiv wurden. Sie als Junge entdeckten Ihren Penis und spielten lustvoll mit diesem Körperteil, wir Mädchen entdeckten ebenso lustvoll unsere Scheide. Die meisten von uns lernten dann, dass es ein Unterschied ist, ob wir lustvoll am Daumen nuckeln oder uns »untenherum« vergnügten. Wenn hier Erwachsene mit Unmutsäußerungen eingreifen, mit »Pfui« oder »das macht man nicht« auf die kindliche Entdeckungsreise reagieren, setzen sich negative Körperbotschaften in der Wahrnehmung des Kindes fest. Sexualerziehung beginnt mit dem ersten Körperkontakt. Schon lange bevor Erwachsene darüber grübeln, wie sie ihr Kind »aufklären«, hat es die Grundbotschaft – körperliches Lustempfinden ist erlaubt oder aber verboten – verinnerlicht.

Nun sind die ersten zwei Lebensjahre geschafft: In unserer Wahrnehmungswelt sind unterschiedliche Frauen und Männer aufgetaucht und dienten uns als Anschauungsobjekte, als Vorbilder. Je nachdem, ob wir diese Zeit in der Stadt oder auf dem Land verbrachten, ob wir ein Einzelkind waren oder Geschwister hatten, prägten sich uns Gesetzmäßigkeiten ein.

Saßen wir bei der Mutter auf dem Traktor? Sang der Vater uns ein Einschlaflied? Hockten wir auf dem Boden und sahen Mutter und Vater zu, wie sie gemeinsam das Essen zubereiten? Oder war der Vater meist abwesend? Wurden uns von unserem gleichgeschlechtlichen Elternteil vielfältige Verhaltensweisen angeboten, dann speicherten wir diese selbstverständlich in dieser Vielfalt ab.

Auf meine Frage an Seminarteilnehmende, »Welche Verhaltensweisen bringen Sie als früheste Bilder mit Ihrer Mutter, Ihrem Vater in Verbindung?«, kommen die unterschiedlichsten Antworten.

Eine Frau erinnert sich z.B.: »Meine Mutter sang immer mit, wenn im Radio Musik kam, die sie mochte. Dann war sie bester Dinge, lachte und nahm mich zum Tanzen auf den Arm. Für mich war später selbstverständlich, dass eine Frau gerne tanzt.«

Ein Mann, dessen Partnerin Probleme mit seiner Vorliebe für Kneipentreffen hat, erinnert sich: »Mein Vater nahm mich öfter mit in die Wirtschaft. Dort traf er sich mit anderen Männern zum Kartenspiel und ich durfte die Karten mischen. Für mich war später selbstverständlich, dass ein Mann Freunde hat, mit denen er sich außerhalb der Familienräume trifft.«

Mädchen und Jungen sehen auf das gleichgeschlechtliche Elternteil. Für Jungen, die ohne kontinuierliche männliche Bezugsperson aufwachsen, wird es nun schwierig. Schließlich wissen sie schon früh, dass sie später einmal ein Mann und keine Frau sein werden. Dass ihre Mutter gern tanzt, wird ihnen gefallen, aber nicht helfen auf der Suche nach Geschlechtervorbildern.

Unsere Entwicklung ging rasant weiter: Wir erlernten immer mehr Worte, erlebten, dass manche Worte, die die Erwachsenen sagten, von uns nicht wiederholt werden durften.

Wir neigten zu Gewalttätigkeit und Aggressionen, wollten die Befriedigung unserer Bedürfnisse durchsetzen. Egal ob Junge oder Mädchen, wir verhielten uns »trotzig« und sollten »artig« und »einsichtig« sein. Als Junge durften Sie wahrscheinlich häufiger als wir Mädchen Ihren Willen durchsetzen.

In unserer kindlichen Welt waren wir darauf aus, es uns gut gehen zu lassen. Alles, was uns an anderen gefiel, wollten wir auch haben. Viele kleine Jungen wollten Röcke tragen, ließen sich gern von größeren Mädchen die Haare kämmen und behängten sich mit bunten Halsketten, in ihrem Selbstbild blieben sie dennoch Jungen; wie Mädchen, die mit Autos spielen, Mädchen bleiben.

Kamen Sie im Alter von drei Jahren in den Kindergarten? Dann trafen Sie plötzlich auf neue Bezugspersonen und auf viele andere Kinder des eigenen und anderen Geschlechtes. Sie sollten das Spielzeug mit anderen Kindern teilen, Ihre persönlichen Bedürfnisse hinter die anderer zurückstellen. Das leuchtete Ihnen aber nicht ein, denn in Ihrer Entwicklung waren Sie kein »soziales« Wesen.

Ihre Spielgefährten werden Sie anfänglich noch nach spontaner Sympathie ausgewählt haben. Das Geschlecht war Ihnen egal.

Bis zum Alter von etwa vier Jahren wurden wir abwechselnd von Abhängigkeitsgefühlen, Trennungsängsten, Autonomiewünschen und Ungehorsam gegen die Mutter/den Vater beherrscht und mussten beobachten, dass das, was dem einen erlaubt, der anderen noch lange nicht zugestanden wird.

»Diese triebhaften Ausbrüche und Verhaltensweisen werden beim Mädchen mehr unterdrückt als beim Knaben. Die so genannte ›böse Frau‹ lernt sich dagegen zu verstecken, äußert ihre Aggressionen eher hintenherum, vermag mit Hilfe von Aufopferungsattitüden und einer entsprechenden Vorwurfshaltung ihre Familie zu unterdrücken«, beschreibt die Psychoanalytikerin Margarete Mitscherlich die Folgen dieser pädagogischen Maßnahmen und fährt fort: »Eine unglückliche weibliche Entwicklung zweifellos, die aber weit mehr mit Erziehung als mit einer biologischen Weiblichkeit und einer geschlechtsspezifischen Aggressionsentwicklung zu tun hat.«[10]

Diese »typisch weibliche« Aufopferungshaltung wird auch heute noch von vielen Frauen als Selbstverständlichkeit gelebt und von ihren Geschlechtsgenossinnen erwartet. Mädchen, die darauf keine Lust haben, werden dann als

»asozial und egoistisch« bezeichnet. Frauen, die diese Rolle annehmen, verdrängen ihre kraftvollen Anteile und leiden. Denn niemand, weder Partner noch Kinder, werden es ihnen danken. Weshalb auch, freiwillige Unterwerfung wird immer in einer Tragödie enden.

In diesen vier Lebensjahren haben wir also gelernt, mit welchem Verhalten wir als Mädchen oder Junge am ehesten unsere individuellen Wünsche durchsetzen konnten. Die Konsequenzen dieser Anpassungsmethoden für unser erwachsenes Leben erahnten wir nicht.

In der Zeit zwischen dem dritten bis vierten Lebensjahr wuchs unser Gehirn auf rund zwei Drittel seines endgültigen Umfangs an. In dieser Zeit lernten wir so viel und so schnell wie nie wieder. Besonders das emotionale Lernen ist ein wesentlicher Lernprozess in diesem Alter.

Wir haben erfahren, dass Frauen anders auf uns reagieren als Männer. Wir kopierten unsere gleichaltrigen Spielgefährtinnen und Spielgefährten und größere Kinder.

Nun konnten wir unsere Meinung schon ganz klar vertreten und wollten unsere Spiel- und Aufenthaltsorte selbst bestimmen – auch die Auswahl unserer Freundinnen und Freunde. Und plötzlich spielten wir überwiegend nur noch mit dem eigenen Geschlecht – wenn wir die Wahl hatten.

Interessant zu beobachten ist, dass Mädchen sich gern in Dreiergruppen zusammenschließen. Da gibt es die beste Freundin und dann noch eine Freundin. Und der Streit mit der »besten« Freundin – können Sie als Frau sich daran noch erinnern? – ließ uns in tiefer Verzweiflung zurück.

Als Junge werden Sie sich eher in einer »Bande« bewegt haben. Und erinnern vielleicht, wie demütigend es war, aus dieser Bande ausgestoßen zu werden.

So entfernten wir uns als Geschlechter immer weiter voneinander. Einzelne Freundschaften mit Kindern des anderen Geschlechtes konnten uns zwar erhalten bleiben, wenn wir ohne Gruppendruck entscheiden konnten, aber als Gesamtgruppe gingen wir jeweils andere Wege.

Wuchsen wir ohne Geschwister des anderen Geschlechtes auf, konnten wir keine Erfahrungen darüber sammeln, wie sich das Zusammenleben im Alltag auswirkt.

Erst nach dem elften Lebensjahr wuchs dann wieder unser Interesse am Gegengeschlecht. Ganz vorsichtig pirschten wir uns nun wieder an und bewunderten die, die sich auf das Abenteuer der Annäherung einließen.

Wenn Mädchen oder Jungen in den kommenden Jahren keinerlei Interesse am anderen Geschlecht zeigen, werden die Eltern unruhig: »Ist mit meinem Sohn, meiner Tochter ›etwas‹ nicht in Ordnung …? Vielleicht ist mein Kind ›anders herum‹!«

War es vor kurzem noch verboten, mit dem anderen Geschlecht zu flirten, wird dies nun plötzlich erwartet. Für Söhne und Töchter, deren Liebe und Begehren dem eigenen Geschlecht gilt, brechen nun harte Zeiten an.

Unsere ganze Kindheit hindurch wurden wir geformt zum Mädchen oder Jungen und wenn wir uns dann als Jugendliche gegen diese Klischees auflehnten, konnte es passieren, dass wir von unserer Kernfamilie verstoßen wurden.

In den Familiendrehbüchern ist dies die Rolle des »schwarzen Schafes« und jede Familie vergibt diese Rolle an Mitglieder, die sich den »typischen« Erwartungen nicht beugen.

In dem einen oder anderen Lebensabschnitt wird es auch Ihnen vielleicht so gegangen sein, ganz gleich, wie alt Sie heute sind. Die Entscheidung, unsere individuelle Sehnsucht zu verdrängen, uns anzupassen, kann nicht nur für uns, sondern auch für andere Folgen haben: Denen, die mutiger als wir waren, gönnen wir ihre Freiheit oft nicht.

»Backen Sie sich Ihr Lieblingskind«

Nach diesem Überblick über unsere ersten Lebensjahre und die vielschichtigen Botschaften, die uns dabei begleiteten, interessiert es Sie vielleicht, wie ein Mädchen oder ein Junge heute als Idealkind sein soll.

Wie wünschen sich Erwachsene die Kinder, nach Geschlecht unterteilt? Wie sollen Mädchen, wie Jungen sich verhalten, damit die Erwachsenen ihnen Aufmerksamkeit, Zuneigung und Respekt entgegenbringen? Hat sich Entscheidendes in den letzten zwanzig Jahren geändert? Diese Frage tauchte schon mehrfach in diesem Buch auf. Und nun noch einmal. Unsere Idealbilder eines Mädchens oder eines Jungen – sind sie heute anders definiert als noch vor einer Generation?

Eine Möglichkeit, dies ohne langwierige Diskussionen herauszufinden, bietet folgende Anregung:

- Stellen Sie sich vor, Sie könnten sich Ihr persönliches Lieblingskind aus frei gewählten Eigenschaften zusammensetzen. In Ihrer Fantasie erschaffen Sie sich Ihr Lieblingsmädchen, Ihren Lieblingsjungen.

- Stellen Sie sich vor, Sie schreiben das Drehbuch zu einem Kinderfilm. Welche Eigenschaften zeichnen die Hauptdarstellerin und den Hauptdarsteller aus?
- Backen Sie sich Ihr Lieblingskind: Welche Zutaten kommen in den Teig?

Nehmen Sie sich eine Karteikarte oder ein Blatt Papier, eine Seite für das Mädchen, die andere für den Jungen. Und nun notieren Sie die Merkmale, die Ihnen an einem Mädchen, einem Jungen besonders gut gefallen.

Im Laufe der letzten zehn Jahre bot ich dieses »Spiel« sowohl Erzieherinnen und Erziehern, Grundschullehrerinnen und -lehrern, Müttern und Vätern an. Die Auswertung der beschriebenen Karteikarten von mehreren hundert Personen zeigt, dass die Merkmale nicht zufällig verteilt sind.[11] Gucken wir uns an, wie Frauen entscheiden:

Das Lieblingsmädchen setzt sich aus folgenden Eigenschaften zusammen. Es ist:

selbstbewusst – kann »Nein« sagen – ist ehrlich – nicht zickig – neugierig – kritisch – humorvoll – hat Durchhaltevermögen – klettert auf Bäume – macht sich schmutzig – nimmt Rücksicht auf Schwächere – setzt sich körperlich mit den Jungen auseinander – sagt direkt, was es will – verzichtet auf »Mädchen-Getue«.

Der Lieblingsjunge ist:

verständnisvoll – ohne Vorurteile gegenüber Mädchen – friedfertig – zeigt Gefühle – weint, wenn er sich verletzt hat – verzichtet auf Machogehabe – nimmt Rücksicht auf

Schwächere – hilft bei Alltagsverrichtungen – muss nicht immer Sieger sein – kann zuhören und Fehler einsehen – verzichtet auf körperliche Gewalt.

Nun, wie wirken diese Zuschreibungen? Hier nehmen Mädchen und Jungen Gestalt an, die weiblichem Wunschdenken entspringt.

Frauen erwarten von Mädchen, dass sie sich durchsetzungsstark, sportlich und sozial verhalten. Sogar körperlichen Auseinandersetzungen sollen sie sich stellen – theoretisch.

Gibt es dann wirklich ein Mädchen, das sich mit Jungen prügelt, gilt es jedoch schnell als »gefährdet«, als »schwierig« und »verhaltensgestört«.

Unter »Mädchen-Getue« fallen Dinge wie: kichern, Selbstdarstellung, Eitelkeit und Rückzug. Nicht gern gesehen werden Mädchen, die als »zickig« bezeichnet werden. Wenn ich nachfrage, was mit diesem Begriff gemeint ist, werden darunter folgende Verhaltensweisen zusammengefasst: eingeschnappt sein, Uneinsichtigkeit, Arroganz, Egoismus, Überheblichkeit.

Gehen Sie aber in eine Buchhandlung und schauen sich die Titel aktueller Mädchenbücher an, dann taucht die »Zicke« immer häufiger auf den Umschlagseiten der Mädchenliteratur auf. Zickiges Verhalten wird hier nun gleichgesetzt mit Durchsetzungskraft, Individualität und Kreativität.

Wenn die Frau der Zukunft, denn aus den Lieblingsmädchen werden ja Frauen, durchsetzungsstark und kritisch sein soll, weshalb wird dann im realen Leben von Mädchen noch immer Anpassung, Sauberkeit und Friedfertigkeit verlangt?

Mädchen haben es nicht leicht, den Wünschen der Mütter und Pädagoginnen zu entsprechen.

Und die Jungen?
Wenn Frauen sich ihren Lieblingsjungen erträumen, dann fantasieren sie sich eher einen Traumpartner für sich als Frau als ein Kind. Ein Junge, der körperlich temperamentvoll durch den Alltag stürmt, der sich geforderten Hilfsdiensten entzieht, der sich prügelt, fällt unter die Rubrik »Macho«.
Je nach eigenen Erfahrungen mit dem anderen Geschlecht wird die Reihenfolge der Wunscheigenschaften aufgelistet. Nun kann aber ein Junge nichts dafür, welche Erfahrungen Frauen mit Männern gemacht haben. Oftmals müssen sie büßen für Kränkungen, Missverständnisse und Gewalterfahrungen, die Frauen mit Männern erlebt haben. Und Frauen sind es auch überwiegend, die von ihren kleinen Söhnen verlangen, dass sie »anders werden als der Vater«, dass sie »Partner« sind statt Kinder.
Jungen haben es nicht leicht, den Wünschen der Mütter und Pädagoginnen zu entsprechen.

Tim Rohrmann, der sich seit Jahren der Lebensrealität kleiner Jungen annimmt, zeigt sehr deutlich, wie hin und her gerissen Jungen sind: »Im Alltag erleben kleine Jungen viel häufiger Frauen als Beschützerinnen: Mütter schützen ihre Kinder vor Fremden oder nicht selten auch vor dem ›strengeren‹ Vater; Erzieherinnen greifen in Konflikten ein, um ›ihre‹ Kinder zu schützen usw.«
Und was ist mit den Männern? Tim Rohrmann weiter: »Dass der Vater den Jungen ›vor der Mutter schützt‹ (oder, psychoanalytisch gesprochen, ihm hilft, sich aus der engen

Bindung an sie zu lösen), ist dagegen alles andere als selbstverständlich. Vielleicht wird er auch in anderen Situationen seinen Sohn nicht schützen (und damit vorleben, wie das funktioniert), sondern von ihm erwarten, dass er sich ›wehren kann‹.«[12]

Das Aufwachsen ist ein mühsamer Prozess. Statt Anteilnahme, Schutz und Ermutigung erleben viele Mädchen und Jungen, dass sie so, wie sie sind, nicht »in Ordnung« sind.

Jedes Kind – ob Mädchen oder Junge – ist erst einmal ein Menschenwesen, das sich auf die Suche nach der eigenen Geschlechtsrolle begibt. Alle Kinder haben das Potential, neugierig, mutig, kreativ, traurig und hilfsbereit zu sein. Nur haben viele kleine Mädchen und Jungen schon gelernt, dass sie mit anderen Verhaltensmustern mehr erreichen. Jungen, die laut und unbeherrscht sind, sichern sich die – wenn auch genervte – Aufmerksamkeit der Frauenwelt, Mädchen, die ruhig am Tisch sitzen, die freiwillig hausfrauliche Tätigkeiten übernehmen, werden aufgenommen in die Welt klassischer weiblicher Rituale.

Fatal daran ist, dass wir unter Umständen unser ganzes weiteres Leben hindurch von einer Tragödie in die andere stolpern, weil wir als Frauen auf Artigkeiten hin trainiert wurden. Und weil wir immer wieder auf Männer treffen, die sich Nachgiebigkeit nicht leisten können, aus Sorge, ihren Selbstwert zu verlieren, schwach dazustehen, wenn sie ihre innersten Gefühle zeigen.

Fremdgesteuert: Vom Umgang mit Gefühlen

Haben Sie als Frau sich schon einmal gefragt, weshalb Ihr Partner in Deckung geht, wenn Sie ihn auffordern, »endlich mal Gefühl zu zeigen«?

Haben Sie als Mann sich schon einmal gefragt, weshalb Ihnen alle Felle wegschwimmen, wenn von Ihnen »Emotionen« verlangt werden?

Als kleine Kinder waren wir alle traurig, sehnsüchtig, wütend und verzweifelt, wenn die Dinge nicht so liefen, wie wir sie uns ersehnten. Wir weinten, zogen uns zurück, wollten uns anlehnen. Wenn wir nicht bekamen, was wir ersehnten (z.B. Spielgerät, Aufmerksamkeit ...), ließen wir unserem Frust freien Lauf.

Als wir dann größer wurden, änderte sich dies. Schon im Alter von sechs Jahren – so beobachten wir in Kindergruppen – kommen eher die Mädchen zum Getröstetwerden, zum Kuscheln. Die Jungen können sich den nahen Körperkontakt zu Frauen nicht mehr holen, sie bräuchten spätestens jetzt eine männliche Schulter zum Anlehnen. Mädchen sind mitteilungsbedürftiger als Jungen. Sie erzählen mehr in Gesprächskreisen nach den Wochenenden, nach Ferien und Festen über ihre Gefühle. Wenn es Streit gibt, »piesacken« die Mädchen eher, als dies Jungen tun.

Jungen – sie haben ja inzwischen gelernt, dass »ein Mann nicht weint«, schlagen eher zu, wenn sie Streit haben. Sie regeln Auseinandersetzungen untereinander, Mädchen holen sich Hilfe bei Erwachsenen.

Wie sollen Männer ihre Gefühle zeigen können, wenn sie als Heranwachsende gelernt haben, dass die Konfrontation mit dem »Gegner« ohne Tränen stattfinden muss, bis der Konflikt ausgestanden ist? Wir Frauen dagegen lernten, dass Tränen in vielen Konflikten eine Erfolgsgarantie sind, dass unsere verbalen Angriffe oder die Androhung des Liebesentzugs funktionieren.

Können Sie sich daran erinnern, wie Ihre Eltern Konflikte miteinander austrugen? Welche Streitkultur wurde Ihnen vorgelebt? Mussten Sie Mitleid haben mit der sich ohnmächtig präsentierenden Mutter? Erstarrten Sie in Angst vor dem Wutausbruch oder dem Schweigen des Vaters?

Gefühlserfahrungen prägen unser Verhalten nachhaltig. Und auch hier ist es wie in allen Lebenslagen: Wir übernehmen die Vorgaben des eigenen Geschlechts.

Es gibt kaum Frauen noch Männer, die gelernt haben, dass ein Streit nicht das Ende der Welt bedeutet, dass das Zeigen von Angst und Hilflosigkeit ein Vertrauensbeweis sein kann.

Wie beschränkt unser emotionales Wahrnehmungsspektrum ist, zeigt sich, wenn mehrere Personen gleichzeitig eine dynamische Gruppensituation beobachten. Richtig spannend wird es dann. Sie können dies mit anderen gemeinsam ausprobieren:

Setzen Sie sich an einen belebten Ort (z.B. einen Spielplatz, eine Cafeteria, ein Einkaufszentrum ...), wo Sie in Ruhe zuschauen können, was um Sie herum geschieht. Wie deuten Sie als Frau, als Mann das Gesehene? Ist es Ihnen möglich, neutral zu beobachten, oder ergreifen Sie Partei für eine der agierenden Personen?

Deuten Sie die Gruppendynamik als »fröhlich, ausgelassen im Umgang miteinander« oder »kurz vor dem Ausbruch eines Streites«? Wird die Person, die gerade den Ton angibt, als »dominant« oder als »autonom« gesehen?

Beschreiben Sie einen Mann, der allein in einer Ecke sitzt, als »konzentriert – entspannt« oder als »einsam – unglücklich«? Besonders spannend wird es, wenn die beobachteten Aktivitäten von Ihnen als »Miteinander«, von anderen aber als »Gegeneinander« gedeutet werden oder umgekehrt.

Unsere individuelle Wahrnehmung entscheidet. Geht es uns gerade gut, sind wir bereit, Dynamik als interessant, als anregend zu beschreiben. Geht es uns schlecht, überwiegen Ablehnung und Vorurteil.

Kinder können nicht erahnen, dass das individuelle momentane Verhältnis zum eigenen und anderen Geschlecht der Erwachsenen auch entscheidend dazu beiträgt, was an ihnen gesehen und übersehen wird. Besonders problematisch für kleine Jungen und Mädchen ist die Tatsache, dass Frauen dazu neigen, Konflikte zwischen Kindern schnell zu unterbinden: »Darüber kann man doch reden« oder »Hört endlich auf!« heißt es dann. Auseinandersetzungen werden nicht gern gesehen, alles soll friedlich und harmonisch ablaufen.

Nicht zuletzt kommt hier zum Tragen, dass viele Mütter und Erzieherinnen das Austragen von Konflikten selbst nicht gelernt haben und aus Ängstlichkeit körperliche Rangeleien von Jungen schon als »Gewalt« bezeichnen, die bei genauer Betrachtung ein spielerisches Kräftemessen sind.

Mädchen gegenüber steigen vielleicht Erinnerungen an eine Schwester oder Klassenkameradin auf, die nicht gemocht wurde. Und schon bekommt das Mädchen den Stempel »unsympathisch« oder »zickig« aufgedrückt.

Verstehen durch Beobachtung

Pädagogisches Personal in Kindertageseinrichtungen hat tagein, tagaus mit den gleichen Kindern zu tun, oftmals 25 bis 30 Mädchen und Jungen in einer Gruppe. Erzieherinnen und Erzieher erleben in ihrem Berufsalltag über viele Jahre hinweg immer wieder nur Kinder einer bestimmten Altersgruppe, einen kleinen Ausschnitt von Kindheit.

Viele Kinder in einem Raum, das ist eine Zumutung sowohl für die Kinder selbst als auch für die zuständigen Erwachsenen. Der Lärmpegel in einem durchschnittlichen Kindergarten überschreitet häufig die Gesundheitsnormen. Eigentlich müssten alle im Raum – auch die Kinder – Ohrschützer tragen. Lautstärke macht aggressiv, müde, unkonzentriert und auf die Dauer krank.

Naheliegend ist also, dass Erzieherinnen sich mehr auf die unruhigen, Lärm produzierenden Jungen als auf die vordergründig pflegeleichteren Mädchen beziehen. Das hat nicht so sehr mit absichtlicher Bevorzugung eines Geschlechts – oder vorsätzlicher Benachteiligung von Mädchen – zu tun als vielmehr mit berufsbedingten Alltagsbewältigungsstrategien und den vielen blinden Flecken im eigenen Bewusstsein. Stille Mädchen (und Jungen) fallen nicht auf und werden von uns erst einmal als zufrieden eingestuft, wenn wir es ansonsten mit Geschrei und durch den Raum tobenden Jungen zu tun haben. Deren natürlicher Bewegungsdrang wird schnell als Disziplinlosigkeit tituliert. Helfen könnten sofort mehr Raum und Bewegungsangebote, die es den Jungen (und Mädchen) ermöglichen, »Dampf« abzulassen.

Pädagoginnen, die Zeit zur Reflexion bekommen, können plötzlich mit geschärftem Blick ihr Handeln zuordnen. Das hört sich dann z.b. so an:

»Ich wollte immer lieber ein Junge sein und finde noch heute, dass Mädchen so zickig sind. Aber jetzt will ich wenigstens versuchen, gerechter zu ihnen zu sein. Vielleicht verlange ich auch zu viel von den Mädchen, was können sie denn dafür, dass ich Probleme mit Frauen habe?«

Lieber ein Junge sein wollten erstaunlich viele Frauen, wenn sie sich an ihre eigene Kindheit erinnern. Mädchen nehmen sehr wohl die Unterschiedlichkeiten der Möglichkeiten wahr:

»Warum dürfen die Jungen und ich nicht?«

»Warum soll ich immer warten, nur weil ein Junge gerade wieder spinnt?«

Vordergründig könnte aus diesen Aussagen geschlussfolgert werden, dass Jungen »mehr« bekommen: mehr Aufmerksamkeit, mehr Freiheit, mehr Unterstützung. Doch dieses »Mehr« bringt den Jungen keine Vorteile für die eigene Entwicklung, sondern eher ein Ausgeliefertsein an weibliche emotionale Bewertungen.

Rainer Neutzling beschreibt den Umgang mit Jungen folgendermaßen: »Ein Junge ist wild, motorisch aktiv, das fördert man. Wenn er still und zurückgezogen ist, macht man sich gleich Sorgen. Alles wird an Jungen gefördert, das man später an Männern kritisiert, eigentlich das gesamte Heldenbild. Wenn es Jungen nicht gelingt, das klassische Männerbild auszufüllen, dann jagen sie anderen Angst ein. Oder ich rase als Mann wie der Teufel im Auto und gefährde andere. Es gibt Männlichkeits-Ersatzangebote für ein soziales Misslingen.«[13]

Erst ein paar Tage ist es her, als ich selbst wieder einmal feststellte, wie störungsanfällig meine eigene Wahrnehmungspalette arbeitet:

ICH SITZE AUF EINER PARKBANK gegenüber einem Übungsplatz für Rollerskates und Skateboards und betrachte die dort agierenden Kinder.

Zwei Mädchen, etwa sieben und neun Jahre alt, offensichtlich Schwestern, befinden sich noch am Anfang ihres Skatetrainings.

14 Jungen im Alter zwischen sechs und 13 Jahren trainieren gleichzeitig: Anlauf nehmen, durchstarten und mit Schwung auf die Betonplattformen hinauf; schnell und durcheinander.

Die beiden Mädchen üben für sich an einem Block, die Jungen nutzen die drei anderen mit unterschiedlichen Schwierigkeitsgraden.

Keine erwachsene Person befindet sich auf dem Übungsplatz. Die Kinder sind unter sich und damit entscheiden sie auch allein, was möglich oder unmöglich ist.

Mir fällt auf, dass die Jungen sich nicht gegenseitig behindern, dass sie den Kleinsten einbinden. Es gibt keine Auseinandersetzung, kein Gegeneinander. Sie regeln ohne Worte die Platzverteilung. Keine gegenseitige Behinderung oder gar Gefährdung, alle nehmen Rücksicht aufeinander.

Und ich stelle mir die Frage: Beobachte ich heute eine *Ausnahmesituation* oder habe ich diese friedliche Gruppendynamik unter Jungen bisher nur nicht wahrgenommen?

Ein paar Tage später überprüfe ich meine Beobachtung und wieder verhalten sich die Jungen solidarisch und friedfertig.

Meine Aufmerksamkeit war offensichtlich in der Vergangenheit nicht neutral genug, um diese erfreuliche Beobachtung auch als solche abzuspeichern.

Unabhängig vom Geschlecht halte ich es für ein großes Manko, dass Kinder ständig dem kritischen Blick und mahnenden Kommentaren der Erwachsenen ausgesetzt sind. Sie wollen einfach ihre Ruhe haben, selbst den Ablauf des Geschehens steuern können und ihre eigenen Erfahrungen sammeln.

Vom Ich zum Du – realisierbare Utopien

Veränderungen sind jederzeit möglich. Wir alle können ab sofort sensibler und anteilnehmender leben. Wenn wir verstehen, wie entscheidend schon die ersten Seiten des Drehbuchs sind, überlegen wir ernsthafter, mit welchen Worten und Taten wir den Neuankömmlingen in dieser Welt begegnen. Deshalb noch einmal zusammengefasst:

Ein Kind wird geboren und zwei Fragen werden als Erstes gestellt: Ist das Kind gesund? Ist es ein Junge oder ein Mädchen? Bevor ein Kind sich selbst einem Geschlecht zuordnen wird, ist bereits von Erwachsenen vorgegeben, wie es als Geschlecht geprägt werden soll.

Das Kind durchläuft mehrere Entwicklungsphasen:
Zuerst lebt es in der Symbiose mit der primären Bezugsperson – der Mutter, der es auf Gedeih und Verderb ausgeliefert ist.

Dann entwickelt es aufgrund wachsender Unterscheidungsfähigkeit ein Gefühl für sich selbst – es wird ein Ich, erspürt den eigenen Körper, in dem es sein weiteres Leben verbringen wird.

Diesem Ich steht dann das Du gegenüber. Alle anderen Menschen werden daraufhin erkundet, was im Du alles enthalten sein kann.

Im Verlauf der weiteren Entwicklung stellt das Kind Vergleiche an: Vom Ich über das Du entwickelt sich die Wahrnehmung und Unterscheidung in das Wir und das Ihr. Die Gruppe Wir, das eigene Geschlecht, wird nachgeahmt, von der Gruppe Ihr wird sich abgesetzt.

Mädchen haben es wesentlich leichter, sich im Wir wiederzufinden, denn die primären Bezugspersonen sind überwiegend als eigenes Geschlecht zu erkennen.

Jungen schließen sich in der gleichgeschlechtlichen Kindergruppe enger aneinander, finden das Wir dort, denn erwachsene Wir-Personen sind selten verfügbar. Vom weiblichen Ihr müssen sie sich abgrenzen und leiden unter kollektiver Einsamkeit.

Wenn aus Kindern dann Heranwachsende werden, suchen sie den Kontakt zum Ihr, versuchen zu verstehen, was die Spielregeln des anderen Geschlechtes sind, erfahren, dass es schwer ist, vom Ich zum gegengeschlechtlichen Du vorzudringen.

An diese Zeit werden Sie sich alle erinnern können. Heute himmelhoch jauchzend, morgen zu Tode betrübt.

Mädchen schreiben in dieser Lebensphase Tagebuch, hocken mit der Freundin eng zusammen und versichern sich gegenseitig ewiger Freundschaft.

Jungen sind in dieser Zeit isolierter. Mit einem anderen Jungen können sie über die Irritationen ihrer Gefühlswelt selten sprechen. Stattdessen prahlen sie mit erfundenen Eroberungen, um anerkannt zu werden.

Genau genommen haben beide Geschlechter Angst voreinander.

Doch die Neugierde, die Sehnsucht nach Verschmelzung mit dem Du, will befriedigt werden. Liebeskummer, Konkurrenzen, Eroberungen und Trennungen beherrschen das Denken und Handeln. Eine wirklich sehr schwierige Lebensphase.

Wenn die Erwartungen an das andere Geschlecht zu hoch sind, verwandelt sich die Liebe in einen Kampf um Anerkennung, bringt emotionale Verletzung und endet in der Trennung. Was als Komödie, als Wechselspiel der Kräfteverhältnisse begann, endet im Beziehungsdrama.

Diese individuelle Erfahrung spiegelt die kollektive wieder.

Frauen und Männer sind einerseits als Individuen auf der Suche nach dem Du, als Geschlechtskollektiv aber befinden sie sich im Kampf um Verteilung von Anerkennung und Macht. Und so schwappen gesellschaftliche Ungleichheiten ständig in die individuelle Geschlechterkommunikation über. Ein folgenschwerer Konflikt, der Auswirkungen auf die gesamtgesellschaftliche Entwicklung hat.

Welchen Weg gibt es aus dieser Tragödie? Nur einen, den der Akzeptanz und des Respekts; vor dem eigenen und dem anderen Geschlecht.

»Nur wenn Frau und Mann als gleichberechtigte Menschen anerkannt sind und auch so handeln, wird es den Kindern möglich sein, Mutter- und Vaterbilder gleichermaßen zu verinnerlichen und dadurch ein reicheres, flexibleres, quasi ›doppeltes‹ Über-Ich aufzubauen. Was bisher geschlechtsspezifisch auf die verschiedenen Geschlechter verteilte Eigenschaften waren, würde in einem Menschen, gleich welchen Geschlechts, zusammenfließen, je nach Begabung und Neigung«, schreibt Margarete Mitscherlich. Diese Vision einer lebenserfahrenen Psychoanalytikerin bringt uns allen großen Vorteil. Wir sind doch sonst im Leben auch bereit, des Vorteils wegen unsere Strategien zu ändern:

»Mehr gegenseitige Sensibilität bedeutet dann auch mehr Verständnis füreinander. Das hierarchische sadomasochistische [im Sinne von machtvoll/ohnmächtig] Gefälle würde abgebaut, aber auch die Rolle der Frau als Mutter des Mannes würde durch gegenseitige Fürsorge, wenn diese notwendig ist, ersetzt. Beiden Geschlechtern könnte es dann gelingen, ihre Aggressionen angemessener und lustvoller zu äußern, d.h. sie weder durch Feindsuche destruktiv auszuleben noch sie selbstdestruktiv nach innen zu wenden.«[14]

Lebenslust, Experimentierfreude, Freundschaften zwischen den Geschlechtern – wie angenehm könnte unser Leben sein. In dieser lebensbejahenden und kreativen Umgebung könnten Mädchen und Jungen zu autonomen Menschen heranwachsen.

Doch seit Jahrzehnten werden in Deutschland immer weniger Kinder geboren, vielfältige Lebensumstände von Frauen und Männern verhindern dies. Somit sind Kinder im Bewusstsein vieler Erwachsener nie gegenwärtig. Politikerinnen und Politiker, Stadtplanende, Medienverantwortliche, Medizinerinnen und ihre Kollegen, die Mitarbeitenden der sozialen und pädagogischen Berufe, die therapeutisch Tätigen – sie alle müssten doch tagtäglich sehen, dass die gesamtgesellschaftlichen Realitäten verändert werden müssen, um eine Gleichwertigkeit der Geschlechter zu ermöglichen.

Sie alle sind auch Frauen und Männer, die in ihrem privaten und beruflichen Rahmen die Auswirkungen am eigenen Leib erleben.

Immer weniger Menschen interessieren sich für die Lebensrealitäten von Kindern. Dies ist fatal, denn nur durch den Kontakt zu ihnen erfahren wir, wie sich ihr Denken, Verstehen und Handeln in unserer vorgegebenen Umgebung entwickelt. Sie sprechen aus, was sie denken, und damit kennzeichnen sie unser kollektives Verhalten.

Kinder sind ein gesellschaftliches Stimmungsbarometer, keine Statistik, sondern die Gestalterinnen und Gestalter unser aller Zukunft. Wir können froh darüber sein, dass jede Generation wieder die Frage »Wieso, weshalb, warum ... ist dies so?!« stellt. Ohne diese Anmerkungen zum Alltag, zu den gesellschaftlichen Spielregeln, in denen wir uns im Laufe unseres Erwachsenenlebens eingerichtet haben, käme die Welt zum Stillstand. Erinnern wir uns an unser eigenes Aufbegehren den starren Vorgaben unserer Elterngeneration gegenüber. So wie wir alle erwachsen wurden, werden auch die heutigen Kinder Erwachsene. Dann schreiben sie die Drehbücher für beide Geschlechterrollen. Dann gestalten sie den gesellschaftlichen Rahmen und entscheiden darüber, ob wir als alte Frauen und Männer von Tragödie zu Tragödie stolpern oder uns zurücklehnen können, um den vielen Wirrnissen der Geschlechterkommunikation gelassen und vergnügt zuzuschauen.

Mit geschärftem Blick und dem Wissen, dass sich traditionelle Geschlechterrollen nur mit unserer eigenen lebenslangen Entwicklung verändern, endet dieses Buch.

Gender Mainstreaming – die einzelnen Kapitel gingen auf diesen Gesetzesauftrag ein – zielt auf die Berücksichtigung der unterschiedlichen Lebenssituationen und Interessen von Mädchen und Jungen, von männlichen und weiblichen Jugendlichen, von Frauen und Männern. Wenn wir alle bereit sind, uns zu beteiligen, dann haben unsere Kinder, Nichten, Neffen, Enkelinnen und Enkel Aussicht auf ein Leben, in dem die Person, nicht das biologische Geschlecht an oberster Stelle steht.

Probieren Sie es aus – es lohnt sich!

Auf einen Blick

Am Anfang des Lebens steckt in beiden Geschlechtern das individuelle Potential an Möglichkeiten und Interessen. Entscheidend für spätere Verhaltensmuster und Entwicklungsspielräume ist nicht das biologische Geschlecht, sondern sind die sozialen Zuschreibungen der verbalen und nonverbalen Botschaften, die Familie, Nachbarschaft und Kinderbetreuungseinrichtungen den Mädchen und Jungen als Richtschnur vermitteln.

Gender Mainstreaming heißt in diesem Zusammenhang auf institutioneller Ebene zum Beispiel:
- Bildungs- und Forschungspolitik setzen auf gleichwertige Betreuung und Bildung von Mädchen und Jungen.
- Dies wird in der Aus- und Weiterbildung der Pädagoginnen, Pädagogen und Lehrkräfte als Querschnittsaufgabe formuliert.
- Initiativen und Projekte, die unterstützend und begleitend wirken, werden gefördert.

Im Alltagsleben bedeutet Gender Mainstreaming in diesem Zusammenhang zum Beispiel:
- Eltern werden in diesen Prozess eingebunden, informiert und beraten.
- Frauen und Männer, die in pädagogischen Berufsfeldern tätig sind, entwickeln kindgerechte Angebote, die zur Weitung des Geschlechtsrollenbildes beitragen.

Praxisideen:
- Nehmen Sie die Kinder, die Ihnen begegnen, mit geschärftem Blick wahr.
- Achten Sie auf Ihren ersten Eindruck, Ihre Geschlechterzuschreibungen.
- Stellen Sie sich vor, das Kind wäre plötzlich ein Mensch des anderen Geschlechts. Wäre Ihre Wahrnehmung dann eine andere?
- Achten Sie darauf, dass Verkleidungskisten vielfältige Stoffe, Formen und Farben enthalten. Und bieten Sie regelmäßig Kostümierungen an, die es Mädchen und Jungen immer wieder ermöglichen, in andere Rollen zu schlüpfen.

So schließt sich der Kreis. Die Bereitschaft zur Selbstwahrnehmung stärkt die Wahrnehmungsfähigkeit für Ungerechtigkeiten, mit denen Mädchen und Jungen heute noch leben müssen. Alles Lebensbejahende, das wir Kindern bieten, kommt uns selbst zugute, wenn wir als alte Menschen auf ihre Solidarität angewiesen sind.

Nachwort

Die Erziehung der Geschlechter umfasst alle Bereiche unseres Lebens. Vielleicht sind Ihnen beim Lesen andere Fragestellungen als die hier behandelten durch den Kopf gegangen, die mit Ihrer persönlichen Lebens- und Arbeitssituation zu tun haben. Denn anders als das wirkliche Leben zeigt jedes Buch immer nur einen Ausschnitt.

Vielleicht fragen Sie sich, weshalb ich in diesem Buch nicht auf die Situation von Frauen, Männern und Kindern aus anderen Kulturen eingehe, die in Deutschland leben.

Ich entschied mich dagegen, weil der Blick auf andere Kulturen von vielen deutschen Frauen und Männern als Ablenkungsmanöver von den eigenen tradierten Rollenbildern genutzt wird. Im Laufe der Jahre, die ich im engeren Kontakt zu Menschen anderer Kulturen verbrachte, lernte ich, dass es überall auf der Welt demokratische und autoritäre Beziehungsmuster gibt. Ich traf auf viele emanzipierte Frauen, auf viele liebevolle Väter – überall. Fremdheit und Missverständnisse, die eingeschränkten, kleinen Ausschnitte, in denen wir Kontakt zu Frauen, Männern und Kindern anderer Kulturen haben, verzerren das Gesamtbild. Die Thematisierung interkultureller Erziehung und Bildung füllt Bücherregale. Doch auch hier greift erst langsam das Bewusstsein von der Notwendigkeit, mit geschärftem Blick auf die Geschlechterrealitäten zu schauen.

Vielleicht fragen Sie sich, weshalb ich nicht auf die vielfältigen Formen des Lebens und Erlebens von Sexualität eingehe. Ich entschied mich dagegen, weil ich die Ge- und

Verbote der Sexualerziehung nicht als Nebenschauplatz abhandeln wollte. In den 30 Jahren, die ich als »Sexualpädagogin«, als Fachfrau für Sexualerziehung tätig bin, stellte ich immer wieder fest, dass erst, wenn Frauen und Männer sich ihrer selbst und ihrer eigenen sinnlichen Sehnsüchte bewusst sind, kurze Hinweise ausreichen. Die Geschichte der Sexualnormen steht in engstem Bezug zu den Drehbüchern *weiblich* und *männlich*, aber das wissen Sie alle sowieso.

Vielleicht fragen Sie sich, weshalb ich in diesem Buch nicht auf die vielfältigen Formen seelischer und körperlicher Gewalt eingehe, die in Geschlechterbeziehungen eine so unheilvolle Rolle spielen. Ich entschied mich dagegen, weil es mir in diesem Buch darum geht, die Grundstrukturen unserer anerzogenen Rollenbilder darzulegen. Der Machtfaktor Gewalt in all seinen dramatischen Ausgestaltungen ist ein so umfangreiches Kapitel der Geschlechterdynamik, dass es keinen Sinn macht, darüber nachzudenken, bevor das Bewusstsein für die eigenen inneren Machtgelüste vorhanden ist. Gewaltanwendung geht nicht nur von Männern gegenüber Frauen und Kindern aus, auch Frauen verhalten sich gewaltvoll – häufiger allerdings gegenüber Kindern als Männern gegenüber. Jede gewaltvolle Handlung findet zwischen Ungleichen statt, im extremsten Fall als sexualisierte Gewalt.

Vielleicht fragen Sie sich, was Sie nun mit den vielen Anregungen dieses Buches als Frau, als Mann anfangen sollen. Beginnen Sie bei sich selbst. Kleine Schritte im Alltag sind die stabilsten Garanten dafür, dass sich Ihre Umgebung an Ihr verändertes Verhalten gewöhnen kann. Mit dem Brecheisen erreichen Sie nichts. Aber mit einem Lächeln, einer Geste der Verständigungsbereitschaft können Sie viele voraussehbare kleine Tragödien in Komödien umwandeln.

Anhang

Quellennachweise

Kapitel 1 – Was wäre, wenn wir tauschen würden?
1. Carol Hagemann-White: *Sozialisation: Weiblich – männlich. Alltag und Biographie von Mädchen.* Leske und Budrich, Opladen 1984
2. Lilian Fried: »Jungen und Mädchen im Kindergarten«. In: *KiTa spezial:* Typisch Mädchen – typisch Junge?! Carl Link Verlag, Kronach. Sonderausgabe Nr. 2/2001, S. 11
3. »Stadtpläne für Blasenschwache.« In: *Ostseezeitung* vom 3.2.2004
4. Gerd Brantenberg: *Die Töchter Egalias. Ein Roman über den Kampf der Geschlechter.* Verlag Olle & Wolter, Berlin 1979, S. 7
5. Miriam Meckel, Marianne Ravenstein: »Cyberself-Identitäten im Netz.« Institut für Kommunikationswissenschaft, Münster (http://kommunix.uni-muenster.de/If)
6. Wälis Kiani: »Stirb, Susi«. In: *Süddeutsche Zeitung* vom 6./7.12.2003, Wochenend-Beilage, Seite III
7. Melitta Walter: L.I.S.A.- Datenbank: Frauen in der Geschichte, München
8. Katholische Arbeiter- und Arbeiterinnenjugend Österreich (Hrsg.): *Let's talk about ... Körper, Sexualität & Selbstbewusstsein.* Wien 1996
9. Untersuchung des Bundesministeriums für Familie, Senioren, Frauen und Jugend (BMFSFJ) vom Dezember 2003
10. Bundesjugendkuratorium 2002: »Bildung ist mehr als Schule. Leipziger Thesen«. In: Ursula Rabe-Kleberg: *Gender Mainstreaming und Kindergarten.* Beltz Verlag, Weinheim 2003, S. 15f.
11. Kulturzeit, 3-Sat vom 25.6.2004

Kapitel 2 – Vorbilder als Wegbegleitung

1. Johannes Rau, Rede auf dem Kongress »Wissen schafft Zukunft«, 14.07.2000 in Berlin
2. Rosalind Miles: *Weltgeschichte der Frau*. Piper Verlag, München/Zürich 1993, S. 12
3. Jürgen Busche: »Wozu Geschichte in der Schule?« In: *Süddeutsche Zeitung* vom 04.02.1995, S. 4
4. *Harenberg Personenlexikon 20. Jahrhundert*. Harenberg Lexikon Verlag, Dortmund 1994, Einführung
5. Bruno Bürgel: »Das graue Elend.« In: Gundel Paulsen (Hrsg.): *Kindheitserinnerungen aus Berlin*. Husum Druck- und Verlagsgesellschaft, Husum 1991, S. 51f.
6. Dieter Baacke: »Kinder in Medienwelten«. In: Sabine Eder, Jürgen Lauffer, Carola Michaelis (Hrsg.): *Bleiben Sie dran! Medienpädagogische Zusammenarbeit mit Eltern*. GMK, Bielefeld 1999, S. 28f.
7. *Starke Mädchen – Starke Frauen. 24 Lebensgeschichten von außergewöhnlichen Mädchen und Frauen, die ihren Weg gingen*. Ravensburger, Ravensburg 2004. Darin »Madonna«, S. 6–13
8. Elke Mascha Blankenburg: *Dirigentinnen im 20. Jahrhundert*. Europäische Verlagsanstalt, Hamburg 2003, S. 33
9. Gisela Hahn: »Frauen unter Straßenniveau«. In: Berliner Geschichtswerkstatt (Hrsg.): *Sackgassen. Keine Wendemöglichkeit für Berliner Straßennamen*. Nishen Verlag, Berlin 1988, S. 56
10. Kinder- und Jugendmuseum München, Schul- u. Kultusreferat u. Gleichstellungsstelle LH München (Hrsg.): *Münchner Rathaus Bilderbuch Teil 2: Die Frauen, die man nicht sieht*. München 2000

Kapitel 3 – Getrennte Räume – auch bei Spiel und Spaß

1. BR II, Anfang Mai 1990
2. Helga Zeiher: »Spezialorte für Kinder.« In: *proJugend. Räume zum Aufwachsen – Orte zum Weglaufen? Fachzeitschrift der Aktion Jugendschutz*. Landesarbeitsstellen Bayern und Schleswig-Holstein. Nr. 4/2002. Ausgabe Bayern, S. 7
3. Johannes Moser: »Platz für Inszenierungen.« In: *proJugend. Räume*

zum Aufwachsen – Orte zum Weglaufen? Fachzeitschrift der Aktion Jugendschutz. Landesarbeitsstellen Bayern und Schleswig-Holstein. Nr. 4/2002. Ausgabe Bayern, S. 13
4. Schulreferat München (Hrsg.)/Melitta Walter (Verf.): *Qualität für Kinder. Lebenswelten von Mädchen und Buben in Kindertagesstätten*. München 2000, 2. Auflage, S. 97ff.
5. Maria Spitthöver: »Wie viele Ressourcen sind wessen Wünsche wert?« In: *Freitag*, 10.03.2000, S. 18
6. Spielzeugkatalog-Einführungstext aus: Habermaaß GmbH. Erfinder für Kinder (2003/04)
7. Freia Hoffmann/Eva Reiger (Hrsg.): *Von der Spielfrau zur Performance-Künstlerin*. FURORE-Verlag, Kassel 1992, S. 178f.
8. Cheryl Benard/Edit Schlaffer: *Let's kill Barbie. Wie aus Mädchen tolle Frauen werden*. Heyne Verlag, München 1997, S. 256

Kapitel 4 – Hat der Ball ein Geschlecht? Sportliche Inszenierung

1. Klaus Bischops/Heinz-Willi Gerards: *Trainingsbuch Mädchenfußball*. Meyer & Meyer Verlag, Aachen 2000, S. 11
2. Internetseite von »Jungle World«, März 2004
3. Gertrud Pfister (Hrsg.): *Frau und Sport*. Fischer Taschenbuchverlag, Frankfurt/M. 1980, S. 36
4. Melitta Walter: L.I.S.A-Archiv u. Datenbank. München 1988
5. Dietrich Schwanitz: *Männer. Eine Spezies wird besichtigt*. Eichborn Verlag, Frankfurt/M. 2001, S. 41
6. Klaus Bischops/Heinz-Willi Gerards: *Trainingsbuch Mädchenfußball*. Meyer & Meyer Verlag, Aachen 2000, S.7

Kapitel 5 – Leben und arbeiten – ein Überlebensspagat

1. Bernhard Badura/Henner Schellschmidt/Christian Vetter (Hrsg.): *Fehlzeiten-Report 2003*. Springer Verlag Berlin 2004, Vorwort
2. ebd., S. 23
3. ebd., S. 24
4. Wassilios E. Fthenakis/Martin R. Textor (Hrsg.): *Mutterschaft, Vaterschaft*. Beltz Verlag, Weinheim und Basel 2002, S. 123ff.

5. Bernhard Badura/Henner Schellschmidt/Christian Vetter (Hrsg.): *Fehlzeiten-Report 2003*. Springer Verlag, Berlin 2004, S. 80
6. Alice Scherer (Hrsg.): *Die Frau. Wesen und Aufgaben*. Herder Verlag, Freiburg 1951, S. 90ff.
7. Charlotte von Reichenau: »Die Bedeutung der Frauenarbeit in der Volkswirtschaft«. In: Gisela Brinker-Gabler: *Frauenarbeit und Beruf*. Fischer Verlag, Frankfurt/M. 1979, S. 335
8. Bundesamt für Statistik 2003
9. Bernhard Badura/Henner Schellschmidt/Christian Vetter (Hrsg.): *Fehlzeiten-Report 2003*. Springer Verlag, Berlin 2004, S. 157
10. Statistisches Bundesamt: Männeranteil in Frauenberufen bleibt nahezu unverändert. Pressemitteilung vom 22.04.2004
11. *Westdeutsche Allgemeine:* »In Grundschulen fehlen Männer.« 15.07.2002
12. ebd.
13. Käthe Schirmacher: *Wie und in welchem Maße läßt sich die Wertung der Frauenarbeit steigern?* o.O., 1908
14. BR II: Notizbuch vom 17.4.2003
15. Bernhard Badura/Henner Schellschmidt/Christian Vetter (Hrsg.): *Fehlzeiten-Report 2003*. Springer Verlag, Berlin 2004, S. 81
16. WSI-Mitteilungen: Arbeitszeiten nach Maß. Sonderheft. Ausgabe 03. 2002. www.wsi.de
17. Vereinigung der Hamburger Kindertagesstätten e.V. (Hrsg.): *Kinderbetreuung und Berufstätigkeit*. Bremen 2003, S. 37
18. Deutsches Grünes Kreuz (Hrsg.): *Die Frau. Ein Jahrbuch*. Verlagsgesellschaft Deutsches Grünes Kreuz, Wiesbaden 1956, S. 31
19. BR II: Notizbuch vom 13.04.2004
20. Shere Hite: *Sex & Business. Männer und Frauen bei der Arbeit*. Financial Times Prentice Hall, München 2000, S. 11

Kapitel 6 – Vom Umgang mit Geld – »Mann« hat es

1. Bundesministerium für Familie, Senioren, Frauen und Jugend (Hrsg.)/Heribert Engstler, Sonja Menning (Verf.): *Die Familie im Spiegel der amtlichen Statistik*. Erweiterte Neuauflage 2003, S. 158

2. DGB-Info-Brief »Frau geht vor« Nr. 2, April 2004
3. *Badische Zeitung,* September 1999
4. Helma Sick: *frau & geld. Ein Finanzratgeber.* Piper Verlag, München 2002, S. 19
5. ebd., S. 19
6. ebd.
7. Beate Weymann-Reichardt: »Wieviel Taschengeld ist angemessen?« In: www.familienhandbuch.de
8. Donata Elschenbroich: *Weltwissen der Siebenjährigen.* Kunstmann Verlag, München 2001, S. 27

Kapitel 7 – Wie wir wurden, was wir sind

1. Hetty van de Rijt/Frans X. Plooij: *Öhrchen im Bauch. Die ersten Erfahrungen des Ungeborenen mit Musik und Sprache.* Wilhelm Goldmann Verlag, München 2003, S. 49f.
2. Enrico Violi: »Das Heranwachsen von Jungen«. In: Lu Decurtins: *Zwischen Teddybär und Supermann. Was Eltern über Jungen wissen müssen.* Verlag pro juventute, Zürich 2003, S. 51
3. Barbara Orland/Elvira Scheich (Hrsg.): *Das Geschlecht der Natur.* Suhrkamp Verlag, Frankfurt/M. 1995, S. 14
4. Steve Jones: »Das Y-Chromosom«. In: *Der Spiegel.* Titelgeschichte. Ausgabe 38 vom 15.09.2003, S. 159ff.
5. Susan Gilbert: *Typisch Mädchen! Typisch Junge! Praxisbuch für den Erziehungsalltag.* Deutscher Taschenbuch Verlag, München 2004, S. 25
6. Marianne Wiedemann/Theresia Grewe: *Ein Fundament fürs Leben und Lernen. Ganzheitliche Förderung im Kindergarten- und ersten Grundschulalter nach dem Marianne-Frostig-Konzept.* Auer Verlag, Donauwörth 2002, S. 96
7. Helga Gürtler: *Angsthasen und Wüteriche.* Südwest Verlag, München 1993, S. 11
8. ebd.
9. Renate Niesel: »Geschlechterbewusste Erziehung im Kindergarten – warum eigentlich?« In: *KiTa spezial.* Typisch Mädchen – typisch Junge?! Sonderausgabe Nr. 2/2001, S. 12

10. Margarete Mitscherlich: *Über die Mühsal der Emanzipation*. Fischer Verlag, Frankfurt/M. 1990, S. 71f.
11. Schulreferat München (Hrsg.)/Melitta Walter (Verf.): *Qualität für Kinder. Lebenswelten von Mädchen und Buben in Kindertagesstätten.* München 2000, 2. Auflage, S. 44
12. Tim Rohrmann/Peter Thoma: *Jungen in Kindertagesstätten. Ein Handbuch zur geschlechtsbezogenen Pädagogik.* Lambertus Verlag, Freiburg i. Breisgau 1998, S. 144f.
13. BR II, Notizbuch, 13.04.2004
14. Margarete Mitscherlich: *Über die Mühsal der Emanzipation*. Fischer Verlag, Frankfurt/M. 1990, S. 142

Vorlesen – ansehen – hören: Medientipps für kleine und große Menschen

Als begeisterte Kinder- und Jugendbuchleserin möchte ich Sie dazu animieren, sich mit Kinderbüchern zu umgeben. Das erhält jung und fröhlich. Neben meinem Bett liegen neben Krimis, Romanen und Fachbüchern auch Bilder- und Jugendbücher. Kinder, die mich besuchen kommen, nutzen die Gelegenheit und leihen sich bebilderte Geschichten aus – für viele Kinder die einzig erreichbare Welt der künstlerischen Umsetzung von Sprache in Illustrationen. Türkische Mädchen im Leselernstadium buchstabieren sich *Die Tütenprinzessin* zusammen, Jungen, die lesen langweilig fanden, amüsieren sich plötzlich mit *Hans Platsch*.

In meinem Kinderbuchregal finden die Kinder nur Bücher, die Mädchen und Jungen gleichermaßen emotional und clever zeigen: Vorbilder für meine kleinen Gäste.

In diesen Kontakten mit Besuchskindern aus der Umgebung wie auch mit Kindergarten- und Hortkindern stelle ich oftmals fest, dass sie keinen Bibliotheksausweis haben, dass Bücher zu Hause kein Thema sind. Schade für die Mädchen und Jungen. Sie gucken vor dem Ins-Bett-Gehen noch »ein Video«.

Ist Ihnen selbst als Kind vorgelesen worden? Dann erinnern Sie sich vielleicht an diese Momente der Nähe, Konzentration und Aufnahmefähigkeit, die das Vorlesen begleitet haben.

Welches war Ihr persönliches Lieblingsbuch? Können Sie sich an das Umschlagbild oder eine Abbildung in der Geschichte erinnern? Wann haben Sie selbst das letzte Mal ein Bilderbuch angesehen, einen Kinderroman gelesen?

Da wir mit allen Sinnen ausgestattet sind, finden Sie hier auch Spielfilm- und Hörtipps.

Egal, ob Sie derzeit im Kontakt zu Kindern leben oder nicht: Die folgenden Medientipps sind für Kinder, Jugendliche und alle Frauen und Männer zusammengestellt. Auswahlkriterium ist, dass Mädchen und Jungen, Frauen und Männer darin in einer zeitgemäßen Vorbildvielfalt angeboten werden.

Kapitel 1 – Was wäre, wenn wir tauschen würden?
Nikolaus Heidelbach: *Was machen die Mädchen? Was machen die Jungs?* Beide Beltz & Gelberg, Weinheim und Basel 1999 bzw. 2000
- Bilderbücher mit unkonventionellen Verhaltensweisen. Besonders eignen sie sich, um eigene Vorstellungen darüber, wie ein Mädchen, ein Junge zu sein hat, zu korrigieren. Kinder amüsieren sich über die präsentierten »Unartigkeiten«, Erwachsene lehnen die Darstellungen oftmals ab (z.b. Mädchen Buchstabe Y, Jungen Buchstabe N). Überprüfen Sie Ihre Toleranzschwelle.

Thierry Lenain/Delphine Durand: *Hat Pia einen Pipimax? Das Buch vom kleinen Unterschied.* Oetinger Verlag, Hamburg 2002
- Das Bilderbuch ohne Altersbeschränkung erklärt die Frage aller Fragen.

Kay Thompson/Hilary Knight: *Eloise.* Berlin Verlag, Berlin 2000
- Comic-Bilderbuch – ein wiederentdeckter Mädchenbuch-Klassiker.

Alain Berliner (Regie): *Mein Leben in Rosarot.* Arthaus (Video/DVD) 1997, 88 Min.
- Für Kinder ab 8 Jahren und Erwachsene, die Geschlechtererziehung besser verstehen wollen.

Kapitel 2 – Vorbilder als Wegbegleitung
Bruno Blume: *Ein richtig schöner Tag.* Carlsen Verlag, Hamburg 2001
- Bilderbuch für Kinder ab 4 Jahren und alle, die Familie heute interessiert.

Ole Könnecke: *Der große böse Bill.* Hanser Verlag, München 2002
- Bilderbuch für Kinder ab 4 Jahren und alle, die Vorbilder sein wollen.

Alain Temperley: *Die rasanten Powertanten.* C. Bertelsmann Jugendbuch Verlag, München 2000.
- Für Kinder ab 10 Jahren und alle, die Lust auf vitale alte Frauen und Männer haben.

Band »Fettes Brot«: *Auf einem Auge blöd... aber der Erfolg gibt uns Recht.*
Musik-CD. Alternatio/EMI 1995
– Darauf Lied Nr. 4 »Männer« – junge Männer beziehen Position. Für Jungen ab 14 als Diskussionsanregung. Text unter: http:/www.fettesbrot.de/disko/diskografie/texte/maenner.html

Kapitel 3 – Getrennte Räume – auch bei Spiel und Spaß

Dietrich Neumann: *Joe und der Wolkenkratzer. Abenteuer Architektur.* Prestel Verlag, München 1999
– Foto-Text-Buch ab 6 Jahren und für alle konstruktionsbegeisterten Erwachsene.

Mary Hoffmann/Caroline Binch: *Erstaunliche Grace.* Alibaba Verlag, Frankfurt 1993
– Bilderbuch für Töchter ab 4 Jahren, Mütter und Großmütter, die eine jamaikanische Familie erleben wollen.

Yves Robert (Regie): *Der Krieg der Knöpfe.* Atlas-Film (Video/DVD) Frankreich 1961
– Schwarz-weiß-Kinderfilmklassiker, in dem 99 Jungen und 1 Mädchen mitspielen. Nach dem gleichnamigen Roman von Louis Pergaud. Für Kinder ab 8 Jahren und alle Männer.

Kapitel 4 – Hat der Ball ein Geschlecht? Sportliche Inszenierung

Gurinder Chadha (Regie): *Kick it like Beckham.* (Video/DVD), Großbritannien/Deutschland »European Film of the Year« 2002
– Für Kinder ab 10 Jahren und Erwachsene, die Mädchenfußball erleben wollen.

Stephen Daldry (Regie): *Billy Elliot – I will dance.* (Video/DVD), Großbritannien 2000
– Für Kinder ab 10 Jahren und Erwachsene, die Jungen bisher lieber boxend als tanzend sahen.

Kapitel 5 – Leben und arbeiten – ein Überlebensspagat

Barbara Jung/Klaus Hübner: *anders ist auch schön*. Carlsen Verlag, Hamburg 2004
– Berufstausch für Kinder ab 4 Jahren.

Kate Banks/Georg Hallensleben: *Nachts auf der Baustelle*. Moritz Verlag, Frankfurt 2003
– Bilderbuch ab 4 Jahren. Vater nimmt Sohn zur Arbeit mit.

Marie-Odile Judes/Martine Bourre: *Winni Wolf will nicht*. Kerle, Freiburg 1999
– Ein temporeiches Bilderbuch ab 4 Jahren über die ungewöhnlichen Berufswünsche eines Wolfsjungen.

Klaus Vellguth/Silvio Neuendorf: *Papa bleibt zu Hause*. Bergmoser und Höller Verlag, Aachen 1996
– Das einzige mir bekannte Bilderbuch zum Thema Arbeitslosigkeit. Ab 5 Jahren.

Peter Cattaneo (Regie): *Ganz oder gar nicht*. (Video/DVD) Großbritannien 1998
– Sozialkritische Komödie. Für Kinder ab 10 Jahren und alle, die Arbeitslosigkeit nicht kalt lässt.

Kapitel 6 – Vom Umgang mit Geld – »Mann« hat es ...

Susanne Vettiger/Audrey Marti: *Meret braucht Geld*. pro juventute, Zürich 2002
– Bilderbuch für Kinder ab 5 Jahren. Ein Mädchen will »Geld holen« mit einem Stück Plastik und lernt dabei, dass es so einfach nicht ist, die Sache mit dem Geld.

Nikolaus Piper: *Felix und das liebe Geld. Roman vom Reichwerden und anderen wichtigen Dingen*. Beltz & Gelberg, Weinheim 1998
– Für Menschen ab 10 Jahren hat der Wirtschaftsredakteur der ZEIT diesen Roman geschrieben. Und wer nicht lesen will, kann hören:

Das gleichnamige Hörbuch wird gelesen von Gerhard Garbers. 4 CDs, Hörcompany 2001

André Kostolany: *Die Kunst über Geld nachzudenken.* (3 CDs/MCs) Gelesen von Dieter Mues. Random House Audio, München 2001
– Eine sehr anregende Darstellung aus der Welt der Geldvermehrung. Für Erwachsene, die dem geistreichen Börsenguru folgen wollen. Auch als Taschenbuch erhältlich.

Kapitel 7 – Wie wir wurden, was wir sind

Thierry Lenain/Stéphane Poulin: *Kleiner Zizi.* Altberliner Verlag, Berlin/München 1999
– Für Jungen ab 5 Jahren und als Gesprächsstoff unter Männern.

Miriam Monnier: *Ich bin ich.* Neugebauer Verlag, Gossau/Zürich/Hamburg 2001
– Für Mädchen ab 4 Jahren und als Erinnerungshilfe für Frauen.

Rainer Bublitz: *Mein Freund Kalle.* (CD/MC) Headroom Sound Production, Köln 2002
– Hörspielabenteuer nach dem gleichnamigen Roman (erschienen bei Thienemann, Stuttgart 1999) – eine Jungenfreundschaft.

Jamie Babbit (Regie): *But I'm a Cheerleader – weil ich ein Mädchen bin.* (Video/DVD) Pro fun-Verleih, 2000
– Für Mädchen ab 12 Jahren und Menschen, die Angst davor haben, ihr Kind könnte »anders herum« sein.

Die etwas anderen Internet-Adressen

http://www.internet-abc.de Ein Portal für Kinder und Eltern, die im Internet unterwegs sind

http://www.xipolis.net ist eine Online-Bibliothek des Wissens. Über 50 Nachschlagwerke, in denen Sie Erstaunliches finden, wenn Sie »Frauen«/»Männer«/»Mädchen«/»Jungen« eingeben

http://www.gmk-net.de Auf dieser Homepage der Gesellschaft für Medienpädagogik und Kommunikationskultur finden Sie u.a. Links zu Kinderradiosendungen

http://www.denkmal-mit-pfiff.de Dort finden Kinder das »Kinder-Zimmer« und den »Teens-Club« mit Fragespielen, Ausmal- und Bastelbögen, einem Fachlexikon und weiterführenden Surftipps – und Erwachsene wechseln in ihre Links

http://www.kinderfilm-online.de Auf dieser Adresse finden Sie aktuelle Kinderfilm-Rezensionen, ein Film-ABC und viele weitere Infos – gerade auch für Kinder selbst

http://www.familienhandbuch.de Pädagogische Anregungen und Hilfestellungen durch Expertinnen und Experten

http://www.womanticker.net Dieser Infodienst biete aktuelle Meldungen aus Politik, Kultur, Medien, die Frauenleben betreffen

http://www.familienservice.de/ Europäischer Marktführer in Work-Life-Balance. Hier finden Sie aktuelle Informationen zur Vereinbarkeit von Familie und Berufstätigkeit

http://www.familienfreundliche-kommune.de/FFKom/ Der Service für familienpolitisch Aktive. Darin z.B. Veränderung des Spiel- und Freizeitverhaltens von Kindern und die Konsequenzen für eine kinderfreundliche Kommune

http://www.gender-mainstreaming.net/ Die Seite des Bundesministeriums für Familien, Senioren, Frauen und Jugend zu Gender Mainstreaming mit einer Vielzahl weiterer Links

Über die Autorin

MELITTA WALTER

geboren 1949, gelernte Kinderkrankenschwester, Erzieherin, Sexualpädagogin und in den 80er-Jahren Bundesvorsitzende der Pro Familia, ist eine der bekanntesten Fachfrauen zum Thema Chancengleichheit der Geschlechter. Sie referierte und publizierte zu so brisanten Themen wie Männer und ungeplante Schwangerschaften, zu Frauen und Aids.
Sie war Mitinitiatorin der Muttertagsaktionen »Nicht nur Blumen, Rechte fordern wir!« und Jurymitglied beim ersten deutschen Kongress gegen sexualisierte Gewalt. Während des Weltfrauenkongresses 1987 in Moskau thematisierte sie als Erste vor einem internationalen Gremium die Auswirkungen der Krankheit Aids auf die Lebenswelten von Frauen. Melitta Walter gründete Anfang der 90er-Jahre den Münchner Kulturplatz L.I.S.A-Archiv und die Lesegesellschaft »Frauen in Geschichte und Gegenwart«, in der ihre umfangreiche Fachbibliothek für das Publikum frei verfügbar war und wo sie Persönlichkeiten des öffentlichen Lebens im »Talk bei LISA« interviewte.
Seit 2000 engagiert sie sich als Fachberatung für »Geschlechtergerechte Pädagogik und Gewaltprävention« für die städtischen Kindertageseinrichtungen in München. Lange bevor der Begriff des Gender Mainstreaming aufkam, setzte sie sich schon für die Umsetzung dieser gesellschaftspolitischen Grundidee im Bereich der Bildungs- und Erziehungsaufgaben ein. Sie hält deutschlandweit zahlreiche Fort- und Weiterbildungen.
Melitta Walter hat erwachsene Kinder: zwei Söhne und eine Patchwork-Tochter.

Sie erreichen die Autorin unter www.melittawalter.de

Leben mit Kindern

Kinder stark machen

Sabine Seyffert
KLEINE MÄDCHEN, STARKE MÄDCHEN
Spiele und Phantasiereisen,
die mutig und selbstbewusst machen
96 Seiten. Kartoniert
ISBN 978-3-466-30791-3

Jesper Juul
NEIN AUS LIEBE
Klare Eltern – starke Kinder
128 Seiten. Gebunden
ISBN 978-3-466-30776-0

Dazu das gleichnamige **Hörbuch**, gesprochen von Jörg Pilawa

Sabine Seyffert
KOMM MIT INS REGENBOGENLAND
Phantasiereisen, Entspannungsrätsel und Gute-Nacht-Geschichten
120 Seiten. Kartoniert
ISBN 978-3-466-30714-2

Ursula Fassbender/Holger Schumacher
STARKE KINDER WEHREN SICH
Prävention gegen Gewalt
192 Seiten. Kartoniert
ISBN 978-3-466-30645-9

SACHBÜCHER UND RATGEBER
kompetent & lebendig.

www.koesel.de
Kösel-Verlag München, info@koesel.de

Leben mit Kindern

Sinn-volle Förderung

Susanne Stöcklin-Meier
WAS IM LEBEN WIRKLICH ZÄHLT
Mit Kindern Werte entdecken
220 Seiten. Gebunden mit
Schutzumschlag
ISBN 978-3-466-30638-1

Jirina Prekop, Gerald Hüther
AUF SCHATZSUCHE BEI
UNSEREN KINDERN
Ein Entdeckungsbuch für neugierige
Eltern und Erzieher
160 Seiten. Gebunden mit SU
ISBN 978-3-466-30730-2

Dorothée Kreusch-Jacob
JEDES KIND BRAUCHT MUSIK
Ein Praxis- und Ideenbuch zur
ganzheitlichen Förderung
Mit zahlr. farbigen Fotos
224 Seiten. Gebunden
ISBN 978-3-466-30728-9

Sibylle Wanders
SCHNELLE FÜSSE, KLUGES
KÖPFCHEN
Bewegungsspiele und
Spiellandschaften
Durchgeh. farbig m. zahlr. Fotos
180 Seiten. Gebunden
ISBN 978-3-466-30734-0

SACHBÜCHER UND RATGEBER
kompetent & lebendig.

www.koesel.de
Kösel-Verlag München, info@koesel.de

Leben mit Kindern

Resilienz fördern

Bruce D. Perry/Maia Szalavitz
DER JUNGE, DER WIE EIN HUND
GEHALTEN WURDE
360 Seiten. Gebunden mit
Schutzumschlag
ISBN 978-3-466-30768-6

Peter A. Levine/Maggie Kline
VERWUNDETE KINDERSEELEN
HEILEN
360 Seiten. Gebunden mit
Schutzumschlag
ISBN 978-3-466-30684-8

Frank und Gundi Gaschler
ICH WILL VERSTEHEN, WAS DU
WIRKLICH BRAUCHST
Gewaltfreie Kommunikation
mit Kindern
144 Seiten. Kartoniert
ISBN 978-3-466-30756-2

Jesper Juul
WAS FAMILIEN TRÄGT
Werte in Erziehung und
Partnerschaft
170 Seiten. Gebunden mit
Schutzumschlag
ISBN 978-3-466-30708-1

 SACHBÜCHER UND RATGEBER
kompetent & lebendig.

www.koesel.de
Kösel-Verlag München, info@koesel.de

Leben mit Kindern

Sinn-volle Förderung

Susanne Stöcklin-Meier
WAS IM LEBEN WIRKLICH ZÄHLT
Mit Kindern Werte entdecken
220 Seiten. Gebunden mit
Schutzumschlag
ISBN 978-3-466-30638-1

Jirina Prekop, Gerald Hüther
AUF SCHATZSUCHE BEI
UNSEREN KINDERN
Ein Entdeckungsbuch für neugierige
Eltern und Erzieher
160 Seiten. Gebunden mit SU
ISBN 978-3-466-30730-2

Dorothée Kreusch-Jacob
JEDES KIND BRAUCHT MUSIK
Ein Praxis- und Ideenbuch zur
ganzheitlichen Förderung
Mit zahlr. farbigen Fotos
224 Seiten. Gebunden
ISBN 978-3-466-30728-9

Sibylle Wanders
SCHNELLE FÜSSE, KLUGES
KÖPFCHEN
Bewegungsspiele und
Spiellandschaften
Durchgeh. farbig m. zahlr. Fotos
180 Seiten. Gebunden
ISBN 978-3-466-30734-0

SACHBÜCHER UND RATGEBER
kompetent & lebendig.

www.koesel.de
Kösel-Verlag München, info@koesel.de

Leben mit Kindern

Resilienz fördern

Bruce D. Perry/Maia Szalavitz
DER JUNGE, DER WIE EIN HUND
GEHALTEN WURDE
360 Seiten. Gebunden mit
Schutzumschlag
ISBN 978-3-466-30768-6

Peter A. Levine/Maggie Kline
VERWUNDETE KINDERSEELEN
HEILEN
360 Seiten. Gebunden mit
Schutzumschlag
ISBN 978-3-466-30684-8

Frank und Gundi Gaschler
ICH WILL VERSTEHEN, WAS DU
WIRKLICH BRAUCHST
Gewaltfreie Kommunikation
mit Kindern
144 Seiten. Kartoniert
ISBN 978-3-466-30756-2

Jesper Juul
WAS FAMILIEN TRÄGT
Werte in Erziehung und
Partnerschaft
170 Seiten. Gebunden mit
Schutzumschlag
ISBN 978-3-466-30708-1

SACHBÜCHER UND RATGEBER
kompetent & lebendig.

www.koesel.de
Kösel-Verlag München, info@koesel.de